KB266442

나는 트럭으로
월 700만 원 번다

나는 트럭으로
월 700만 원 번다

1판 1쇄 펴낸날 2026년 5월 4일

지은이 김이화

펴낸이 나성원
펴낸곳 나비의활주로

책임편집 김정웅
디자인 BIG WAVE

전자우편 butterflyrun@naver.com
출판등록 제2010-000138호
상표등록 제40-1362154호
ISBN 979-11-24401-12-5 03320

나는 트럭으로 월 700만 원 번다

김이화 지음

나비의 활주로

당신에게 필요한 건 환상이 아니라 현실이다

2010년대 후반부터 대한민국을 뒤덮은 하나의 신화가 있다. '월 천만 원의 꿈'이다. 누구나 주식이나 코인에 투자하고, 온라인 쇼핑몰을 열고, 지식창업을 시작하고, 유튜브 채널을 운영하기만 하면 어렵지 않게 '월 천'을 달성할 수 있다는 메시지가 사람들을 유혹했다.

"자본 없이, 학력 없이, 인맥 없이도 경제적 자유를 누릴 수 있다."
"하루 4시간만 일해도 충분하다."

이 달콤한 메시지는 미래가 막막한 사람들의 귓가에 달콤하게 파고들었다. 그러나 결과는 냉혹했다. 대다수는 빚만 떠안았고, 시간만 허비했으며, 자신감은 바닥이 났다. 새로운 도전은커녕 다시 일어설 힘조차 잃은 사람이 적지 않다.

문제는 '월 천'이라는 숫자 자체가 아니다. 아무 노력과 준비 없이도 가능한 것처럼 포장한 허황된 환상이다. 세상에는 노력 없이 얻어지는 것이 없다는 단순한 진리를 우리는 화려한 마케팅 문구 앞에서 자주 잊곤 한다.

이제 많은 이들이 깨닫고 있다. 월 천 신화는 누군가의 책과 강의를 팔기 위한 미끼였을 뿐이라는 사실을. 그리고 지친 얼굴로 묻는다.

"그럼 이제 어떻게 해야 하나요?"

현실적인 목표가 주는 힘

나는 이 책에서 월 천을 약속하지는 않을 것이다. 대신 충분히 현실적이면서도 실행 가능한 목표를 제시하고자 한다. 바로 '월 500만 원'이다.

2022년 기준 대한민국 급여소득자의 중위소득은 월 267만 원이다. 월 500만 원은 그 두 배에 가까운 수준이며, 연봉으로 환산하면 약 7,000만 원으로 대한민국 상위 15% 정도에 해당하는 고소득이다.

중요한 것은 이 목표가 도달 가능하다는 사실이다. 과도한 자본, 고학력, 복잡한 기술이 필요하지 않으며, 준비만 제대로 하고, 중도에 포기하지만 않는다면 누구나 충분히 도달할 수 있는 수준이다. 그리고 지금 대한민국에서 이 목표에 가장 빠르고 안정적으로 접근할 수 있는 현실적 경로 중 하나가 바로 배송 창업이다.

배송은 우리의 일상 깊숙이 들어와 있다. 2025년의 대한민국에서 택배를 받아보지 않은 사람이 있을까? 쿠팡을 모르는 사람이 있을까? 대한민국의 배송 시장은 지금 이 순간에도 폭발적으로 성장하고 있다. 택배 물동량만 보더라도 2019년 27.8억 건에서 2024년 59.6억 건으로, 단 5년 만에 두 배 이상 증가했다. 코로나19 팬데믹을 지나며 비대면 소비가 완전히 일상화되면서 온라인 쇼핑은 일시적 유행이 아니라 구조적 변화로 자리 잡았다. 이 변화는 곧 배송 시장의 폭발적인 성장을 의미한다. 현재 배송운송업 종사자는 약 220만~250만 명에 달하는 것으로 추정된다. 이는 대한민국 생산가능인구의 약 6.2%에 해당하는 수치다. 배송업은 이미 대규모 산업이 되었고, 앞으로도 꾸준히 성장할 분야라는 뜻이다.

이 거대한 흐름 속에서 배송 창업은 단지 일자리가 아니라 인생을 재설계할 수 있는 현실적인 발판이 될 수 있다.

배송 창업을 둘러싼 오해와 진실

배송업을 비전 없는 단순노동으로 오해하는 사람들이 많다. 땀 흘리고, 무거운 물건을 나르고, 때로 사람들에게 무시당하며, 체력으로 버티는 일이라는 이미지가 강하다. 물론 배송업은 결코 만만한 일은 아니다. 여름에는 땀으로 하루에도 몇 번씩 옷을 갈아입어야 하고, 어쩔 수 없이 무거운 짐을 들어야 하기 때문에 몸에 무리도 간다. 그러나 세상에 쉬운 일로 큰 수익을 기대할 수 있는 분야는 많지 않다.

오히려 배송업은 다른 창업 모델에 비해 리스크가 적다. 과도한 초기 자본, 재고 부담, 고객 확보의 불확실성을 대부분 피해 갈 수 있는 분야다. 배송업은 이미 충분히 존재하는 수요의 뒷받침을 받는 구조이며, 안정적이고 반복적인 업무를 통해 꾸준한 수익을 만들 수 있는 '사업'에 가깝다.

배송 창업의 가장 큰 리스크는 현장이 아니라 오히려 정보의 부재에 있다. 배송 창업을 준비하는 사람들은 절박한 경우가 많고, 그 절박함을 노린 사기가 곳곳에 도사리고 있다. 지입 사기, 알선 사기, 수수료 사기, 허위 계약 등 초보자가 알기 어려운 함정들이 곳곳에 도사리고 있다. 지나치게 좋은 조건을 제시하는 계약은 대부분 숨은 비용이 있고, 차량부터 먼저 구매하라고 부추기는 곳은 사기 업체일 가능성이 크다. 우리가 지난 6년간 2,400명 이상의 배송 창업 성공자를 배출하며 분명하게 깨달은 사실은 이것이다. 대부분의 실패는 능력 부족 때문이 아니라 정보 부족 때문이라는 사실이다.

반대로 정확한 정보만 알고 시작하면 결과는 극적으로 달라질 수 있다. 나는 배송 창업 희망자들에게 화려한 성공 스토리를 말하지 않는다. 대신, 배송업의 현실과 준비해야 할 것들, 그리고 초보자들이 쉽게 빠지는 함정들을 솔직하게 알려준다.

그 결과 놀라운 일이 일어났다. 제대로 된 정보와 체계적 준비만으로도 배송 창업자들 중 95%가 6개월 안에 안정적 수익 구조를 만들어냈다. 월 500만 원은 기본이고, 어떤 이는 월 1,000만 원 이상을 번다. 어떤 부부는 5남매를 떼어두고 지방에서 올라와 두 달 만에 월 1,000만 원 이상을 벌고 있고, 어떤 이는 교통사고로 잃은 5,000만 원을 배송업으로 회복하면서 연 1억 원의 수익을 달성했다. 사업 실패로 집이 경매로 넘어갔던 사람도 배송업으로 다시 일어섰다. 이들의 공통점은 특별한 재능이 아니라 정확한 정보와 포기하지 않는 태도였다.

단언컨대 정보는 운명을 결정한다. 어떤 자격요건이 필요한지, 어떤 차량을 준비해야 하는지, 어떤 센터를 선택해야 하는지, 어떤 계약 조건을 경계해야 하는지 철저히 알아보고 제대로 시작하면 배송 창업은 분명 인생의 전환점이 될 수 있다.

이 책에는 바로 그런 정보가 담겨 있다. 절박한 사람들에게 제대로 된 정보를 주고, 정상적으로 시작할 수 있도록 돕는 것, 그것이 내가 하는 일이고, 이 책을 쓰는 이유다.

2,400여 명을 일으켜 세우며 배운 것들

나는 스스로 강인한 사람이라고 생각하지 않는다. 하지만 어린 시절 7평 남짓한 방에서 세 자매가 포개져 자던 시절을 돌아보면, 그 환경이 나를 지금의 나로 이끌었다는 사실을 인정할 수밖에 없다. 가진 것이 없다는 건 살아남기 위해 더 단단해져야 한다는 뜻이기도 하다.

철강왕 카네기는 이렇게 말했다.

"가난한 집에서 태어난 사람을 축하하라. 실패해도 다시 일어설 힘을 지녔기 때문이다."

나는 그 말이 단순한 위로가 아니라 현실적인 진실이라고 믿는다. 가난과 실패는 사람을 무너뜨리는 것이 아니라 다시 일어서는 법을 가르친다.

배송 창업을 위해 우리 회사를 찾아오는 사람들 대부분은 절박한 상황에 놓여 있다. 재취업에 실패한 가장, 자영업 실패 후 빚을 떠안은 사람, 예상치 못한 사고로 삶이 흔들린 사람. 그들에게는 '한 번 더 실패할 여유'가 없다.

지금 이 책을 읽고 있는 당신 또한 어떤 이유로든 새로운 길을 찾고 있을 것이다. 회사 생활만으로는 미래가 보이지 않거나, 과거의 실패가 마음을 짓누르거나, 예기치 못한 사건으로 무너져 다시 시작해야 하는 상황일 수도 있다. 그러나 중요한 건 당신 앞에 여전히 열린 문이 존재한다는 사실이다. 헬렌 켈러가 말하지 않았던가. "행복의 한쪽 문이 닫히면 다른 문이 열린다. 하지만 우리는 닫힌 문을 오래 바라보느라 열린 문을 보지 못한다"고.

이 책이 당신에게 열린 문을 보여주는 안내서가 되기를, 새로운 도약의 발판이 되기를, 그리고 무엇보다 당신 삶의 실질적인 희망이 되기를 간절히 바란다.

월 천의 환상은 이제 그만 내려놓아도 좋다. 당신에게 진짜 필요한 것은 정직한 땀으로 일궈낸 월 500만 원이다.

지금부터 함께 시작해보자.

2026년 4월

배송인그룹 김이화 총괄팀장

CONTENTS

1

배송 창업 제대로 알기

현실을 마주하라
환상 너머의 진짜 삶

노력 없이 거머쥐는 '무자본 성공 신화'와
'경제적 자유'라는 달콤한 마케팅 문구가
절박한 이들을 쉽게 현혹한다.
이제 우리는 쉽게 버는 법을 가르쳐준다는
가짜 전문가들의 목소리를 지우고,
내 몸을 움직여 정직하게 일궈내는
노동의 가치를 다시 세워야 한다.
이 장에서는 정당한 대가를 지불하며
한 계단씩 올라가는 배송업이
왜 지금 이 시대에 가장 현실적인 대안인지를 살펴본다.

당신의 성장을 위한
가장 현실적인 플랫폼

사람의 인생을 바꾸는 순간은 언제나 거창하게 오지 않는다. 어떤 때는 단 하루의 선택이 모든 것을 갈라놓기도 한다. 스물여섯 살 청년 안정우(가명) 씨를 처음 만났던 날이 그랬다.

4년이 흘렀지만, 그날 사무실에 들어서던 그의 표정을 지금도 또렷하게 기억한다. 뭔가에 쫓기는 듯한 얼굴로 문을 열고 들어온 그는 복잡한 얼굴로 내 앞에 앉았다. 그의 손엔 누군가가 급하게 쥐어 준 서류가 들려 있었다. 그 서류만 보고도 나는 그가 지금 어떤 상황에 놓여 있는지 단번에 알 수 있었다. 아니나 다를까, 우리 회사에 오기 전 이미 다른 업체에서 배송 차량 구입을 위해 대출 신용조회까지 한 상태였다.

"차량 구입할 돈이 없다고 하니까 공동명의로 사면 된다고 하던데요. 저에게만 특별히 좋은 조건을 제시하는 거라며 당장 계약하자고 하더라고요."

전형적인 지입 사기 수법이다. 다행히 공동명의자의 캐피탈 대출 조회를 위해 필요한 하루의 공백이 생겼고, 지인의 소개로 우리 회사를 찾아왔다고 했다. 나는 그의 손에서 서류를 건네받고 금액을 확인한 후 말했다.

"이 계약 절대 하면 안 됩니다."

그가 당황한 표정으로 나를 바라봤다.

"그런데 저쪽에서는 당장 해야 한다고…. 이미 신용조회도 다 해놨다는데요."

"그러니까 더 하면 안 되는 거죠. 우선 차량 가격부터 제대로 봅시다. 여길 보세요."

차량 가격표를 보여주자 그는 눈을 동그랗게 뜨고 나를 쳐다봤다. 자신이 계약하려 했던 차량 가격이 시중 가격보다 무려 1,000만 원이나 부풀려져 있었던 것이다. 지입 사기의 전형적인 수법을 설명하자 그는 놀라는 눈치였다. 제대로 배송을 시작해보고 싶다고 말하는 그에게 물었다.

"나이도 어린데 왜 배송업에 뛰어들려는 거예요?"

지금은 배송업에 뛰어드는 젊은 청년들이 많지만, 불과 4년 전만 해도 20대의 배송 창업은 드물었다.

"대기업에 취업하긴 하늘의 별 따기고, 중소기업에 취직해 봐야 월급 뻔한데 언제 돈을 모으겠어요. 배송은 제가 뛴 만큼 돈을 벌 수 있잖아요. 아직 젊으니 열심히 일해서 돈을 빨리 모으고 싶어요."

젊은 청년의 패기가 기특했지만, 그렇다고 선선히 받아줄 순 없었다.

"정우 씨, 배송일 생각만큼 쉽지 않아요. 여름엔 하루에 다섯 번 옷을 갈아입어도 모자랄 정도의 극한 노동이에요. 부모님께 허락은 받았어요?"

사실 회사 측에서도 그를 받아들이는 데 고민이 없었던 것은 아니다. 그가 너무 젊었기 때문이다. 사회 경험이 많은 30~40대도 중간에 버티지 못하고 포기하는 경우가 수두룩하다. 그런데 그의 한마디가 나의 마음을 움직였다.

"스스로 결정했어요. 제 인생이잖아요. 최소 1년은 어떻게든 꼭 버틸 거예요. 믿어주세요."

그의 목소리에는 간절함과 함께 스스로를 증명해 보이고 싶은 다짐 같은 것이 짙게 배어 있었다.

"좋아요. 그런데 당장 오늘은 계약이 안 돼요. 우리 회사 방침이 그래요. 하루 더 생각해보고, 부모님과 상의한 후 다시 오면 그때 계약하기로 해요."

그렇게 해서 그는 배송 중에서도 가장 힘든 생수 배송으로 일을 시작했다. 첫 주는 혹독했다. 물건을 나르다 주저앉기도 했고, 팔에 멍이 들고 허리가 뻐근해 일어서지 못한 날도 있었다. 하루에 다섯 번 옷을 갈아입어야 한다는 내 말이 과장이 아니었다는 걸 깨닫는 데 걸린 시간은 불과 일주일이었다.

하지만 그는 불평 한마디 하지 않았다. 대신 자신만의 방법을 찾기 시작했다. 어떤 경로가 시간을 더 단축하는지, 어떤 방식이 체력을 덜 쓰는지, 어떤 자세로 짐을 들면 허리에 무리가 덜 가는지, 손가락이 오므려지지 않을 정도로 아플 땐 어떻게 마사지하면 좋아지는지를 연구하며 스물여섯의 청년은 배송업을 체계적으로 분석하기 시작했다.

"그 친구 요즘 많이 좋아졌어요."

내가 물어보지도 않은 사람에 대해 배송센터 관리자가 먼저 이런 이야기를 꺼내는 건 흔치 않은 일이다. 간간이 들려오는 그에 대한 소식은 이렇듯 칭찬 일색이었다.

패기 넘치는 청년에 대한 기억이 희미해져 갈 즈음, 그가 내게 전화를 걸어왔다. 2년 만이었다.

"팀장님, 저도 팀장이 됐습니다. 하하하."

수화기 너머로 들리는 그의 목소리에서 벅찬 감정이 느껴졌다. 팀장의 자리에 오르기까지 얼마나 수많은 고비를 넘었겠는가.

그리고 2년이 더 흐른 얼마 전 그로부터 반가운 소식이 들려왔다. 배송업을 시작한 지 2년 만에 팀장이 된 것도 드문 일이었지만, 4년 만에 그는 아예 생수 배송 대리점을 인수했다. 권리금 1억 원이 넘는 좋은 자리였다. 그의 남다른 성실함을 눈여겨본 소장이 그에게 먼저 인수를 제안했다는데, 이런 행운은 쉽게 오지 않는다. 안정우 씨는 단순히 '열심히 일한 기사'가 아니라 이 일을 하나의 '사업'으로 바라본 사람이었다. 그렇기에 행운을 잡을 수 있었다.

"저, 이제 소장이 됐습니다."

수화기 너머로 담담히 들려온 그의 목소리를 들으면서 나는 벅찬 감정을 주체할 수 없었다.

스물여섯에 배송업에 뛰어든 안정우 씨는 서른이 되기도 전에 자신의 힘으로 인생의 새로운 계단에 올라섰다.

그런데 나에게 조금은 특별한 이 이야기가 이 업계에선 드문 성공 스토리가 아니다. 오히려 그 반대다. 제대로 시작한 사람들, 포기하지 않은 사람들, 그들 중 상당수는 3~4개월 안에 월 500만 원을 벌고, 또 그중 10~20%는 2~3년 안에 1억 원의 수익 구조를 갖춘다. 배송업은 뛰어난 재능이 필요한 일은 아니다. 다만 정확한 정보, 안전한 시작, 그리고 버티려는 의지만 있으면 누구든 그 계단을 오를 수 있는 구조다.

인생은 계단을 오르는 것과 닮아 있다. 올라가야 할 계단 앞에서 자신의 한계를 긋고 계단 중간 한쪽에 자리를 잡는 사람들이 있다. 더 올라가 봐야 고생만 할 뿐이라고, 지금도 충분히 만족한다고 자신을 설득한다. 하지만 다른 선택을 하는 사람들이 있다. 고통을 감내하며 더 높은 계단에서 세상을 내려다보기 위해 성장을 선택한 사람들이다.

안정우 씨의 이야기는 단지 하나의 사례가 아니다. 배송업이 왜 지금 이 시대에 가장 현실적인 성장 플랫폼인지, 왜 수많은 사람들이 이 일을 통해 인생의 방향을 다시 세우는지 보여주는 살아 있는 증거다. 그 증거는 결국 한 곳을 가리킨다. 성장의 문은 멀리 있는 것이 아니라 바로 지금 당신 앞에 있다는 사실이다.

월 천 신화의 허상,
그리고 우리가 외면한 현실

안정우 씨는 운이 좋았던 걸까? 그가 5년 만에 배송센터 소장의 자리에 오른 건 특별한 재능이 있어서일까? 결코 그렇지 않다. 그는 단지 '제대로 된 선택'을 했을 뿐이다. 그는 땀은 배신하지 않는다는 진리를 믿고 우직하게 앞으로 나아갔을 뿐이다.

문제는 그와 같은 기로에 서 있으면서도 정반대의 선택을 하는 사람이 많다는 사실이다. 우리 주변엔 안정우 씨처럼 땀 흘려 일하는 대신 집에서 편하게 월 천을 벌 수 있다는 달콤한 환상을 택하는 사람들이 더 많다. 그리고 1년, 2년 후 빈손으로 돌아와 묻는다.

"대체 뭐가 잘못된 걸까요?"

사람들을 무너뜨리는 것은 언제나 '환상'이다. 한국 사회가 지난 10여 년 동안 열광해온 '월 천 신화' 역시 그렇다. 단숨에 천만 원을 벌 수 있다는 달콤한 약속은 처음엔 동경을, 그다음엔 조급함을, 마지막엔 상처를 남긴다.

허상 위에 지어진 '월 천 신화'

월 천 신화는 어느 날 갑자기 생겨난 것이 아니다. 그것은 지금과 같은 불안의 시대가 만든 허상이다. 취업의 문은 좁아지고, 집값은 하늘을 뚫고, 정규직과 비정규직의 격차는 끝없이 벌어진다. 계층의 이동 사다리가 끊어진 지금, '노력 없이 빠르게 성공하는 법'은 불안의 틈새를 쉽게 파고든다.

이 신화에 빠져드는 경로는 대체로 비슷하다. '누구나 할 수 있다'라는 문구, SNS에 떠도는 '시간 자유 + 월 천 인증' 사진들, 그리고 마치 진입만 하면 자동으로 성공하는 듯한 강의와 컨설팅. 속이 빈 이 문장들은 뭔가 해본 적 없어도, 기술이 없어도, 돈이 없어도 괜찮다며 사람들의 불안을 정교하게 파고든다. '중요한 건 능력이 아니라 결제 버튼을 누르는 용기'

라는 식의 이야기들. 말만 들으면 마치 세상 모든 위험과 복잡한 현실을 뛰어넘는 비밀 통로가 숨어 있는 것처럼 들린다.

문제는 이 신화가 의도된 정보의 비대칭 구조에서 만들어진다는 점이다. 월 천 신화를 말하는 사람 중 자신이 얼마를 어떻게 벌었는지 정확하게 설명하는 사람을 보았는가? 달콤한 성공담에는 항상 빠진 구석이 있다. 상위 1%의 극단적 사례가 평균처럼 제시되고, 잠시 반짝였던 한순간의 성공이 구조적 성공인 것처럼 포장된다. 그러다 보니 사람들은 현실에서 묵묵히 일하는 이들에 대한 이상한 우월감을 느낀다. 더 큰 문제는 그들이 열심히 땀 흘리며 일하는 사람들을 '월급 노예', '가난한 아빠', '서행차선 여행자' 등으로 부르며 시대에 뒤떨어진 바보 취급을 한다는 것이다. 실제로는 자신이 발을 딛고 있는 현실 구조를 이해하지 못한 채 환상이 주는 허영을 현실 위에 덮어씌운 것에 불과함에도 말이다.

월 천 신화의 잔인함은 바로 이 지점에서 시작된다. 기대했던 수익이 나오지 않으면 사람들은 구조의 문제를 보지 않고, 자신을 탓한다. '왜 나만 안 될까?' '나는 노력 부족인가?' 이렇게 자신을 소모하는 동안 환상은 더욱 공고해지고, 신화는 진실로 굳어진다.

통계가 말해주는 현실의 무게

통계청이 발표한 〈근로소득 통계〉(2022년)는 월 천 신화가 얼마나 잘 못된 것인지를 보여준다. 대한민국에서 월 1,000만 원 이상 급여자는 전체의 단 2.6%다. 월 천은 극소수의 사람만 도달할 수 있는 목표이며, 구조적으로 누구나 가능한 소득이 아니라는 의미다. '월 천은 어렵지 않다'는 말은 사실과 어긋나있을 뿐 아니라 국민 전체 소득 구조를 왜곡하는 주장이다.

모건 하우젤은 그의 저서 『돈의 심리학』에서 이렇게 말했다.

"부는 빠르게 늘어나지 않는다. 부는 천천히, 그러나 영구적으로 축적된다."

월 천 신화는 사람들에게 빠른 성공의 가능성을 보여주지만, 실제로는 '지속 가능한 구조'를 말하지 않는다. 잠깐의 반짝임은 운일 뿐이고, 운은 결코 구조를 대신할 수 없다.

나는 한 사람의 예외적인 성공보다 열 사람의 현실적인 성공이 더 중요하다고 믿는다. 땀은 배신하지 않는다고 단언할 수 있는 이유도 바로 그 때문이다. 배송업에서 성공하는 사람들은 화려한 말에 기대지 않는다. 대신 스스로 움직이고, 배우고, 버티고, 계산한다. 현실의 계단을 한 칸씩 올라가는 사람들이다. 반면 월 천 신화를 좇는 사람들은 계단을 오르는 대신 엘리베이터 버튼을 찾는다. 존재하지도 않는 엘리베이터를 말이다.

우리는 이제 묻지 않을 수 없다. 왜 그렇게 많은 사람들이 월 천 신화에 빠져들었을까? 그리고 왜 그토록 많은 사람들이 상처만 남긴 채 현실로 돌아왔을까? 그 이유는 단순하다. 환상은 언제나 노력보다 달콤하고, 현실보다 쉬워 보이기 때문이다. 그러나 그 달콤함의 대가는 늘 비싸다.

누군가는 말한다. "월 천 신화를 좇다가 인생이 끝났다"고. 하지만 나는 조금 다르게 본다. 월 천 신화가 끝났기 때문에 이제 제대로 시작할 수 있다. 달콤한 말에 가려져 있던 현실의 길, 진짜로 갈 수 있는 길, 땀의 값이 정직하게 돌아오는 길 말이다.

쇼핑몰, 지식창업, 유튜브가
말하지 않는 진실

월 천의 환상은 말끝마다 '쉬움'을 내세운다. 클릭 몇 번이면 쇼핑몰이 열리고, 강의 몇 개만 들으면 지식창업이 가능하며, 영상을 몇 편 올리면 수익이 만들어진다고 말한다. 사람들은 그 말들을 믿고 움직인다. 현실이 팍팍할수록, 미래가 막막할수록 더욱 매혹된다. 하지만 세상에 쉬운 길은 없다. 누구나 할 수 있다고 말하는 순간부터 이미 그 길은 가파르게 변하기 시작한다.

앞으로 들려줄 두 명의 이야기는 바로 이 지점에서 출발한다. 눈앞의 길이 평탄해 보였지만 막상 발을 들여놓자 전혀 다른 세계가 펼쳐진 사람들, 그리고 그 세계에서 부딪히며 깨달음을 얻은 사람들의 기록이다. 온라인 쇼핑몰과 지식창업은 한때 많은 이들에게 희망처럼 보였지만, 실제로는 치열함과 고독으로 채워진 세계다. 누구나 시작할 수 있지만, 누구나 버틸 수 있는 세계는 아니다. 물론 성공하는 사람들도 있지만 극소수다. 그렇다면 그 세계 안에서 사람들은 어떤 현실과 마주하게 될까.

먼저 온라인 쇼핑몰을 창업했던 윤기명(가명) 씨의 이야기부터 차근히 들여다보자.

결코 쉽지 않은 온라인 창업의 세계

윤기명 씨는 19년 차 회사원이었다. 둘째가 태어나자 월급만으론 도저히 늘어나는 생활비를 감당할 수 없겠다는 불안이 밀려왔다. 그래서 퇴근 후 대리운전과 배달 대행을 시작했지만, 코로나19 팬데믹이 끝나가면서 배달 물량은 줄어들고, 대리운전은 회사 일과 병행하기엔 체력이 따라주질 않았다. 현실의 벽은 점점 더 높아지는 듯했다.

그러던 어느 날, 그는 유튜브 알고리즘이 추천해준 '온라인 쇼핑몰 창업' 콘텐츠에 시선을 빼앗겼다. '무자본으로 월 천 가능' '누구나 할 수 있는 사업' 같은 구호는 그의 절박한 마음을 정확히 찔렀다. 이때 그에게 필요한 건 고도의 기술이나 큰 자본이 아니라 당장 시작할 수 있는 일이었기 때문이다.

그는 여러 플랫폼에서 강의를 듣고, 쇼핑몰을 여는 법과 상품을 소싱하는 기본기를 익혔다. 처음에는 모든 것이 쉬워 보였다. 상품 진열, 상세페이지 제작, 광고 집행까지. 그대로만 따라 하면 곧바로 매출이 발생할 것처럼 느껴졌다.

그러나 현실은 달랐다. 시작은 쉬웠지만, 유지와 성장에는 다른 차원의 노력과 역량이 필요했다. 시장은 이미 경쟁자들로 붉게 물든 레드오션이 되어 있었다. 엎친 데 덮친 격으로 양질의 상품을 저렴하게 공급해 주는 독자적인 소싱처도 없었고, 광고비 대비 매출 효율을 극대화할 수 있는 마케팅 역량도 충분하지 않았다.

얼마 지나지 않아 그는 깨달았다. 이 사업은 보이는 것만큼 단순하지 않았다는 사실을. 온라인 쇼핑몰은 겉으로 보기엔 단순해 보여도 사실은 상품, 소싱, 상세페이지 제작, 카피라이팅, 사진 촬영, 고객 관리, 리뷰 관리, 광고비 운영 등 복합적인 능력이 필요한 세계다. 무엇보다 '무자본 창업'이라는 말은 실제와 거리가 있었다. 중개만으로는 수익이 극히 제한적이었고, 제대로 하려면 결국 사입을 해야 했다. 그러려면 감당해야 할 시간과 비용이 너무 컸다.

두 아이의 아빠에겐 그럴 시간이 없었다. 당장 생활비를 벌어야 했다. 결국 그는 현실을 인정할 수밖에 없었다.

'쇼핑몰로 언젠가 잘 될 수는 있다. 하지만 지금 당장 이걸로 생계를 지탱하는 건 불가능하다.'

화려한 겉면 뒤에 숨겨진 지식창업의 그늘

김건호(가명) 씨 역시 코로나19 이후 미래를 고민하기 시작했다. 코로나로 회사 사정이 안 좋아졌기 때문이다. 이직을 고려했지만 학력 말고는 내세울 경력이 없었고, 이직해도 연봉이 크게 오를 가능성은 보이지 않았다.

그러던 와중에 그는 홀린 듯이 한 문장을 보게 됐다. '당신의 지식이 곧 자산입니다.' '월 천만 원은 거뜬합니다'. 지식창업은 개인이 보유한 전문 지식이나 경험, 노하우를 활용해 수익을 창출하는 사업을 의미한다. 디지털 기술의 발달과 1인 크리에이터 시대의 확산으로 온라인 강의, 컨설팅, 커뮤니티 운영 등 다양한 수익 모델이 가능해졌다. 이 장밋빛 비전에 마음이 끌린 김건호 씨는 2,000만 원에 육박하는 교육비를 지불하고 무자본 지식창업을 시작했다. 그 순간 이미 '무자본'은 아니었지만, 그는 그것이 미래에 대한 투자라고 애써 믿었다.

그는 지식창업을 배우는 데 1년을 온전히 바쳤다. 홈페이지를 만들고 콘텐츠를 제작하고, 광고를 집행하며 하루 12시간 이상 책상 앞에 앉아 있었다. 배운 것은 많았지만, 수익화는 전혀 다른 문제였다. 영업에 약한 그는 사람들의 지갑을 여는 데 어려움을 겪었다. 콘텐츠가 아무리 좋아도 판매로 이어지지 않았고, 광고비를 제외하면 남는 것도 거의 없었다. 간혹 한두 명의 동기들은 월 천을 달성하기도 했다. 그러나 그것은 수십 명 중 한 명의 예외적 사례였다. 나머지는 적자에 시달리거나 중도에 포기했다.

"왕초보를 가르치는 초보가 되면 된다."

지식창업 세계에서 떠도는 이 말은 얼핏 매력적으로 들린다. 부분적으로는 맞는 얘기다. 이 세상 모든 초보 골퍼가 누구나 타이거 우즈나 박세리에게 수업받고 싶어 하는 건 아니다. 오히려 자신과 눈높이가 차이 나지 않는 멘토를 편하게 느끼는 사람들이 더 많은 법이다.

하지만 현실은 달랐다. 전문성이 충분하지 않은 초보 멘토들이 난립했고, 경쟁이 과열되자 사람들은 경력과 자산을 과장하기 시작했다. 고급 아파트를 배경으로 영상에 등장하거나, 스포츠카를 인증하며 자신이 엄청난 수입을 올리고 있다고 주장했다. 그러나 그 화려한 이미지 뒤에는 실체 없는 수익 구조와 지쳐버린 삶이 숨어 있었다.

그렇다면 김건호 씨는 어떻게 됐을까? 결국 그는 가족들과 상의한 끝에 지식창업을 접었다.

고되지만 정직한 길을 선택한 사람들

온라인 쇼핑몰과 지식창업은 한 가지 공통점을 갖는다. 누구나 할 수 있다는 말은 사실이지만, 누구나 성공할 수 있다는 말은 사실이 아니라는 것이다. 시작은 쉽지만, 버티는 일은 극도로 어렵다. 보이는 것만 단순하고, 보이지 않는 곳에서는 무수한 기술과 시간과 비용이 필요하다. 무엇보다도 이 세계는 '좋은 사람과 경쟁하는 세계'가 아니라 '너무 많은 사람과 경쟁하는 세계'다.

누구나 할 수 있는 사업은 결국 누구나 한다. 그리고 누구나 시작하는 시장에서 살아남는 것은 가장 어렵다. 사람들은 결국 현실에서 멈춰 섰다. 그리고 자신에게 묻게 된다. "나는 왜 실패한 걸까?" 그러나 그 질문은 잘못되었다. 실패한 것이 아니라 처음부터 성공할 수 있는 길이 아니었던 것이다.

윤기명 씨와 김건호 씨는 결국 같은 깨달음에 도달했다.

'지금의 현실에서 당장 삶을 지탱할 수 있는 일, 나의 땀이 곧바로 수입으로 이어지는 일을 해야 한다.'

두 사람 모두 배송업으로 방향을 틀었고, 그 선택은 그들의 삶을 곧바로 변화시켰다.

윤기명 씨는 배송센터의 팀장이 됐다. 처음엔 고된 배송 일을 힘들어 했지만, 지금은 익숙해져 퇴근 시간이 빨라졌다. 덕분에 남는 시간으로 하고 싶었던 온라인 쇼핑몰을 다시 열어 꾸준한 수익도 내고 있다.

김건호 씨는 배송업을 시작하면서 안정적인 수입이 들어오자 그것을 종잣돈으로 다시 투자 공부를 시작했다. 그는 "남들에게 멘토처럼 보여야 한다는 압박 없이 정직하게 번 돈으로 미래를 준비하는 지금이 훨씬 자유롭다"고 말한다.

둘은 각자의 방식으로 한 가지 사실을 증명했다. 삶은 화려한 말이 아니라 현실적인 구조 위에서 움직이며, 그 구조를 바꿀 수 있는 건 언제나 정직한 땀에서 비롯된다는 점이다. 온라인 쇼핑몰과 지식창업은 누군가에게 기회의 문일 수 있지만, 그것은 결코 쉬운 길이 아니다. 겉으로는 단순해 보이지만 실제로는 긴 호흡, 치열한 경쟁, 끊임없는 자기 성장이 필요하다. 반면 배송업은 기본기의 탄탄함과 노력의 방향만 맞다면 누구에게나 일정한 성장 곡선을 허락한다.

왜 배송 창업인가?

　　두 사람이 결국 배송을 선택한 데에는 그만한 이유가 있다. 거창한 미래를 꿈꿔서도 아니었고, 한 번에 인생을 뒤집어 놓겠다는 욕심 때문도 아니었다. 그들에게 필요했던 건 '언젠가' 잘될지 모르는 기회가 아니라, 지금 당장 현실을 지탱해 줄 수 있는 확실한 길이었다. 그리고 그 길은 생각보다 멀리 있지 않았다. 이미 매일 눈앞에서 움직이고 있었고, 누구나 필요로 하는 일이며, 기술이나 인맥보다 성실과 꾸준함으로 승부를 볼 수 있는 업종이었다. 바로 배송이다.

배송공화국.

속도와 품질에서 세계적인 수준에 올라와 있는 대한민국 배송 서비스를 상징하는 단어다. 아침에 주문한 식재료가 점심 전에 도착하고, 밤에 구매한 생활용품이 다음 날 새벽에 현관 앞에 놓이는 일은 한국 사회에선 더 이상 특별하지 않다. 이렇게 짧은 시간 안에 전국 어디든 상품을 옮겨놓을 수 있는 나라는 많지 않다. 대한민국 국민들은 이것을 당연한 편리함이라 여기지만, 이 편리함을 가능하게 만드는 기반에는 거대한 물류망과 보이지 않는 수많은 인력의 움직임이 있다.

그렇다면 한국은 어떻게 이토록 빠르게 문 앞에서 배송 상자를 받게 되었을까. 누군가 주문을 하고, 누군가가 그것을 집 앞까지 가져다주는 이 단순한 과정이 어느새 우리의 하루를 이루는 자연스러운 풍경이 되었을까.

국내에서 배송 수요는 단순한 증가가 아니라 '폭증'이라는 단어에 가까운 흐름을 보여왔다. 2019년 27억 건 수준이던 택배 물동량은 2024년에 59억 건을 넘어섰다. 5년 사이에 두 배 이상 늘어난 셈이다. 이 변화는 특정 기업이나 산업군의 성장에 그치지 않는다. 소비자가 물건을 구매하는 방식 자체가 바뀌면서 배송은 거의 모든 거래의 기본 단계가 되었다.

이런 흐름 속에서 1인당 연간 택배 이용 횟수는 2024년 116.3회를 기록했다. 평균적으로 사흘에 한 번은 택배를 받는다는 의미다. 이 수치는 배송이 선택이 아니라 생활 필수가 되었다는 사실을 명확하게 보여준다. 소비자가 온라인에서 물건을 주문하는 한 배송 인력과 배송 차량은 꼭 필요하다. 중요한 것은 이 구조가 경기 침체나 일시적 트렌드에 크게 흔들리지 않는다는 점이다.

배송 수요는 단순히 온라인 쇼핑이 늘어서 생기는 현상이 아니다. 그보다 훨씬 깊고 넓은 변화들이 동시에 맞물리면서 배송이라는 한 업종을 사회의 필수 시스템으로 올려놓았다. 예전엔 택배가 많아질 계절이 따로 있었지만, 이제는 사계절 내내 문 앞에 상자가 놓인다. 이 흐름의 배경에는 몇 가지 뚜렷한 변화가 있다.

가장 먼저 짚어야 할 것은 인구구조의 변화다. 2024년 통계에 따르면 1인 가구가 700만 명을 넘어섰다. 전체 가구의 3분의 1 이상이 혼자 사는 시대가 됐다. 혼자 산다는 것은 장보기의 부담을 뜻하고, 식료품이나 생필품을 한 손으로 들고 이동하는 것 자체가 번거로움이 된다. 자연스럽게 사람들은 온라인 주문에 의존하게 되고, 당연히 배송 수요도 증가한다. 여기에 고령층의 온라인 주문 증가까지 더해지면서 배송은 특정 세대의 편의가 아니라 사회 전체의 기본 기능이 됐다. 나이가 들수록 오프라인 이동은 줄어들고, 택배는 곧 '살아가는 방식'이 되는 흐름이다.

두 번째 요인은 동네 상권의 약화다. 많은 지역에서 상권이 예전만큼 활기를 유지하지 못하면서, 사람들은 동네 가게 대신 대형마트나 온라인으로 눈을 돌리고 있다. 서울만 그런 것이 아니다. 지방 중소도시와 농어촌 지역에서도 이 추세는 뚜렷하다. 가까운 상점이 사라지면 자연스럽게 온라인 주문은 늘어날 수밖에 없고, 이는 배송 수요 증가로 이어진다.

여기에 퀵커머스의 확산이 더해지며 배송 수요는 한층 빠르게 늘어나고 있다. '바로 배송'을 전면에 내세운 서비스들은 시간이 지날수록 이용자가 증가하고 있으며, 1건의 배송에 필요한 인력은 오히려 더 많아지고 있다. 한 지역의 물류센터를 중심으로 짧은 거리를 여러 번 오가는 방식이기 때문에 소규모 인력이 필요하던 과거와 달리 훨씬 많은 사람의 손이 필요해졌다. 배송 속도를 개선할수록 배송 인력 수요는 역설적으로 증가한다는 점은 많은 창업자들에게 중요한 기회가 된다.

마지막으로 놓칠 수 없는 흐름은 소비자의 기대 수준 자체가 높아졌다는 사실이다. '내일 도착'은 더 이상 빠른 배송이 아니다. 이제는 오후에 주문하면 저녁에 도착하고, 밤에 주문하면 다음 날 새벽에 문 앞에 놓이는 것이 당연한 기준이 됐다. 이 기준이 만들어내는 결과는 단순하다.

서비스 수준을 유지하기 위해서는 더 많은 인력과 더 촘촘한 배송망이 필요하다는 것. 대형 물류기업들이 지속적으로 신규 인력을 모집하고, 각 지역의 센터를 확장하는 이유도 바로 여기에 있다.

이런 흐름은 각기 다른 방향에서 출발했지만, 결국 한 지점에서 만난다. 사람들은 오프라인에서 이동하지 않고도 모든 것을 해결하려 하고, 기업들은 그 기대에 맞춰 더 빠르고 다양한 배송 서비스를 제공한다. 그 결과가 바로 지금의 배송 시장이다.

그리고 이 변화는 앞으로도 쉽게 멈추지 않을 것이다. 배송 창업을 선택하는 사람들에게 이 시장은 단순히 크다는 의미가 아니라 생활의 구조 안에 자리한 안정적인 수요를 뜻한다. 이 수요가 바로 배송 창업의 가장 큰 기반이 된다.

주요 산업별 기업의 1년 및 5년 생존율

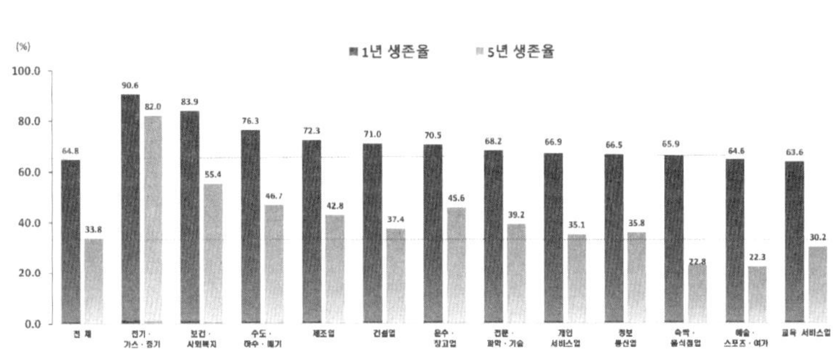

출처 : 국가물류통합정보센터

새벽 배송 시장이 만드는 새로운 기회

배송 창업이 유망한 선택지로 거론되는 데에는 여러 이유가 있지만, 그중 하나는 새벽 배송 시장의 가파른 성장이다. 최근 물류 시장에서 가장 많이 회자되는 단어는 단연 새벽 배송이다. 한때 일부 신선식품 업체의 차별화 전략으로 여겨졌던 이 방식은 이제 유통 전반의 표준으로 자리 잡았다. 쿠팡, 마켓컬리, SSG닷컴까지 내로라하는 대기업들이 앞다퉈 새벽 배송 경쟁에 뛰어들었다. 이 시장이 단기 유행이 아니라 이미 생활 구조 깊숙이 들어온 고정 수요라고 판단했기 때문이다.

국내 최대 물류 분야 학술단체인 한국로지스틱스학회는 2025년 발표한 〈새벽 배송과 주 7일 배송의 파급효과〉 보고서에서 새벽 배송 시장의 성장 궤적을 제시했다. 2015년 4,000억 원에 불과하던 시장은 2024년 11조 8,000억 원으로 커졌고, 2025년에는 15조 원에 이를 것으로 전망됐다. 이는 국내 전체 이커머스 시장 규모 약 230조 원의 15%에 해당하는 수준이다. 단일 배송 방식이 전체 온라인 유통의 7분의 1을 차지하는 셈이다.

이 숫자가 의미하는 바는 단순한 시장 확대가 아니다. 새벽 배송은 '있으면 편한 서비스'의 단계를 이미 넘어섰다. 그 배경에는 한국 사회의 구조 변화가 있다. 앞서도 설명했듯 1인 가구와 맞벌이 가구의 증가는 신선식품 구매 방식을 근본적으로 바꿔놓았다. 퇴근 후 마트를 들를 여유가 없는 사람들, 주말 장보기에 시간을 쓰기 어려운 가구가 늘어나면서 '밤에 주문하고 아침에 받는' 방식은 선택이 아니라 필수가 됐다. 소비 패턴이 바뀌면, 그 뒤를 떠받치는 노동 시장도 함께 바뀐다.

이 변화는 배송업 종사자에게 기회가 된다. 새벽 배송의 확산은 곧 새로운 고정 물량의 등장을 의미한다. 실제로 많은 기업이 새벽 배송 전담 기사를 적극적으로 모집하고 있고, 시간당 수입 역시 일반 주간 배송보다 높은 편이다. 무엇보다 이 시장의 특징은 예측 가능성에 있다. 새벽 배송은 물량의 변동 폭이 상대적으로 작고, 루트가 빠르게 안정된다. 새벽 배송 기사들은 특정 시간에 집중적으로 일하고, 오전이나 오후 시간을 비교적 자유롭게 활용할 수 있다. 이는 체력 관리뿐 아니라 장기적인 지속 가능성 측면에서도 큰 차이를 만든다.

물론 변수는 존재한다. 새벽 배송 확대가 심야 노동 증가와 건강 악화로 이어질 수 있다는 우려 속에서 규제 논의가 등장했다. 그러나 같은 보고서에서 한국로지스틱스학회는 새벽 배송과 주 7일 배송을 규제할 경우 연간 손실액이 이커머스 업계 33조 2,000억 원, 소상공인 18조 3,000억 원, 택배사 2조 8,000억 원에 달할 것으로 추산했다. 합산하면 54조 원이 넘는 금액이다. 득보다 실이 훨씬 크다는 점에서 신중론이 우세할 수밖에 없다.

최근 쿠팡의 개인정보 유출 이슈로 '탈팡' 현상이 거론되기도 했다. 실제로 하루 활성 이용자 수가 소폭 줄어든 것은 사실이다. 그러나 감소폭은 제한적이며, 새벽 배송 이용 구조 자체가 흔들릴 정도의 변화는 아직 현장에서 관찰되지 않는다. 오히려 네이버 쇼핑 이용자가 64만 명이나 늘었다. 더욱이 마켓컬리는 서울과 수도권에서 물량이 폭증 중이다. 이는 새벽 배송이 특정 기업의 마케팅 산물이 아니라, 이미 생활 인프라로 기능하고 있음을 방증한다.

중요한 것은 이 흐름을 어떻게 활용하느냐다. 배송인그룹(구 한국배송인협회)에서는 2024년부터 기존 배송과 새벽 배송을 연계해 수익 구조를 다각화하고 있다. 생수 배송과 식자재 배송을 병행해 노동 강도를 크게 늘리지 않으면서도 하루 수입을 보완하는 방식이다. 이는 아직 일부 지역과 조건에 국한된 모델이지만, 새벽 배송 시장이 만들어낸 가능성이 단순한 전망이 아니라 현장에서 작동 중인 현실임을 보여준다.

새벽 배송은 배송업의 판을 바꾸고 있다. 이 변화는 모든 사람에게 자동으로 기회를 주지 않는다. 그러나 흐름을 읽고, 고정 물량이 만들어진 시간대를 선점한 사람에게는 분명 이전과 다른 선택지가 열린다. 배송 창업이 다시 주목받는 이유도 여기에 있다. 지금의 배송업은 우연에 기대는 일이 아니라 구조 위에서 계산할 수 있는 일로 변하고 있다.

배송 창업이
상대적으로 안전한 이유

사람들이 창업을 생각할 때 가장 먼저 계산하는 건 '얼마나 벌 수 있는가'가 아니라 '얼마나 잃을 수 있는가'이다. 즉 감당해야 할 리스크를 고려할 수밖에 없다는 것이다. 지금 시대에 창업을 고민하는 사람들은 모험을 하고 싶은 것이 아니라 불안정한 현실에서 더 이상 흔들리지 않을 길을 찾고 싶어 한다. 그래서 어떤 업종을 선택하느냐보다, 얼마나 낮은 리스트로 시작하는지가 더 중요해졌다. 그 점에서 배송 창업은 자영업이나 다른 업종에서는 보기 어려운 장점을 가지고 있다.

큰돈을 태우지 않고 시작할 수 있다

배송 창업의 가장 큰 장점은 초기 자본 부담이 적다는 것이다. 많은 오프라인 창업이 인테리어, 보증금, 장비 구입, 재고 확보 등 거대한 선투자 구조를 요구하는 반면, 배송은 차량 한 대만 준비하면 시작할 수 있다. 실제로 소상공인시장진흥공단의 자료에 따르면, 음식점 창업 시 평균적으로 1억 원 내외의 초기 비용이 발생하는 반면, 배송 창업은 차량 구입비(중고차 기준 1,000~2,000만 원대)와 영업용 번호판 확보 비용 정도면 시작할 수 있다.

차량 역시 반드시 구매할 필요가 없다. 자본이 부족한 사람도 임차 제도나 월 단위 이용 모델을 활용하면 초기 부담 없이 일을 시작할 수 있다. 그동안 창업의 첫 관문을 가로막던 부족한 자금의 문제를 우회할 수 있게 된 것이다. 특히 최근에는 '배송 차량 리스'나 '렌트 후 인수' 등 프로그램이 다양해져 실질적인 초기 투자금액을 수백만 원 선까지 낮출 수 있다. 돈을 벌기 전에 이미 큰돈을 쏟아부어야 하는 구조가 아니라는 점에서 배송은 출발선 자체가 다르다. 배송인그룹은 2020년 업계 최초로 임대 제도를 대대적으로 신설해 배송 창업자의 초기비용 부담을 덜어주며 창업의 문턱을 낮췄다.

영업과 마케팅에 목매지 않아도 된다

배송업은 브랜드의 힘이나 마케팅의 영향력에 크게 좌우되지 않는다. 음식점처럼 입지의 영향을 받지도 않고, 온라인 쇼핑몰처럼 광고비의 성패에 따라 수익이 널뛰지도 않는다. 이미 형성된 수요가 있고, 누군가의 주문이 발생하는 순간 배송이라는 과정은 자동으로 필요하다. 영업을 하지 않아도 일이 생기는 업종이라는 점은 많은 초보 창업자에게 큰 심리적 안정감을 준다.

자영업자의 가장 큰 고충인 '손님 기다리기'도 배송업에는 없다. 본인이 배정받은 물량이나 플랫폼을 통해 확보한 일감은 내가 움직이는 만큼 확정된 수익으로 돌아온다. 즉, 운에 맡기는 장사가 아니라 데이터와 시스템에 기반한 '확정 수익형' 업무에 가깝다.

폐업해도 모든 것이 사라지지 않는다

배송 창업은 다른 창업에 비해 폐업 위험이 낮다. 카페를 열거나 치킨집을 운영할 경우 첫 1~2년 안에 문을 닫는 비율이 높다. 창업 아이템으로 가장 선호되는 숙박·음식점업은 5년 생존율이 22.8%에 불과하다. 10명 중 8명은 5년 안에 폐업한다는 이야기다. 온라인 쇼핑몰 역시 광고비, 재고, 회전율의 변수 때문에 생존이 쉽지 않다.

반면 배송업이 포함된 운수·창고업은 전체 창업 업종 평균보다 생존율이 높은 편으로 집계된다. 지난 2022년 정부가 발표한 통계에서는 운수·창고업의 경우 5년 생존율이 45.6%에 달했다. 이는 음식점 창업보다 두 배 이상 높은 수치다. 수요가 안정적이고, 시즌별 매출 편차가 적으며, 경험이 쌓일수록 일이 더 효율적으로 굴러가기 때문이다.

무엇보다 중요한 건 배송 창업은 만에 하나 폐업하더라도 모든 것이 '제로'가 되지 않는다는 점이다. 음식점은 폐업 시 인테리어 비용이 매몰 비용이 되고, 집기는 헐값에 넘겨야 하지만, 배송 창업은 가장 큰 자본이 투입된 '차량'이라는 실물 자산이 남는다. 차량은 중고 시장에서 언제든 현금화가 가능하며, 영업용 번호판(아·바·사·자) 또한 권리금이 형성되어 있어 투자금의 상당 부분을 회수할 수 있는 안전장치 역할을 한다. 임대 차량을 이용한 경우라면 더 단순하다. 빌려 쓴 차량을 반납하면 그만이다. 다만 임대 계약 파기라는 명목으로 과도한 위약금을 요구하는 업체도 존재한다. 계약 해지 시 수천만 원의 위약금을 청구하는 사례도 적지 않으니 계약 전에 조건을 꼼꼼히 확인해야 한다.

무엇보다 배송업을 경험한 사람에게는 폐업 이후에도 남는 자산이 하나 더 있다. 배송업만큼 성실함을 단련시키는 일이 드물다. 눈이 오나 비가 오나 매일 정해진 시간에 나가야 하고, 약속한 물량은 반드시 소화해야 하며, 고객의 컴플레인에도 즉각 대응해야 한다. 이 모든 과정을 3년 동안 반복하다 보면 몸에 '루틴'이 새겨진다. 실제로 배송업을 하다가 다른 업종으로 전환한 사람들을 보면 대부분 성공 가도를 달린다. 배송업으로 자본을 모은 뒤 소규모 매장을 운영하거나, 다른 사업에 투자하거나, 심지어 회사에 재취업한 경우에도 일을 대하는 태도가 남들과 다르다는 평가를 받는다.

배송업은 단순히 돈을 버는 수단이 아니다. 삶을 대하는 태도, 일을 대하는 자세, 그리고 자기 자신을 단련하는 훈련장이다. 이것이 배송 창업이 다른 창업과 근본적으로 다른 이유다.

배송은 모험이 아니라 선택

사람들은 배송을 육체노동으로만 바라본다. 그러나 실제로는 시장 구조상 가장 낮은 리스크로 가장 빠르게 현금 흐름을 만들어낼 수 있는 몇 안 되는 업종 중 하나다. 특히 고물가, 고금리 시대에 고정비가 거의 들지 않는다는 점은 배송 창업만의 독보적인 경쟁력이다. 혼자서 일하기에 노사 갈등이 없고, 매장이 없기에 임대료 상승 걱정에서 자유롭다.

큰 자본이 없어도 시작할 수 있고, 특별한 경력이 없어도 할 수 있으며, 일정 수준 이상의 노력만 꾸준히 유지한다면 수익이 비교적 예측 가능하다. 창업의 성공이 실력과 시장의 힘에 전적으로 좌우되는 다른 업종들과 달리, 배송업은 안전하게 시작할 수 있다면 사람을 밀어주는 구조가 마련돼 있다.

이 점 때문에 벼랑 끝에서 다시 시작해야 하는 사람들이 배송업을 선택하는 것이다. 실패를 반복하지 않아야 하는 사람, 한 번 더 무너지면 회복하기 어렵다는 걸 아는 사람, 현실적인 길을 찾는 사람들에게 배송은 모험이 아니라 안전지대에 가까운 선택이 된다.

국내 택배시장 물동량 추이

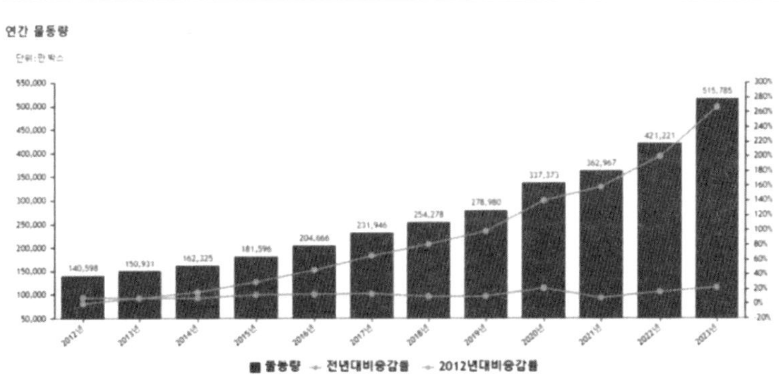

출처 : 〈기업생멸행정통계〉, 2022. 12. 22. 경제통계국 보도자료)

지금이
마지막 기회

앞에서 살펴본 것처럼 배송 시장은 여전히 커지고 있고, 탄탄한 수요도 존재한다. 그러나 동시에 또 하나의 흐름이 조용히 다가오고 있다. 누군가에겐 두려움일 수 있고, 누군가에겐 새로운 선택을 서둘러야 하는 이유가 될 수도 있다. 바로 배송 창업을 향한 기회의 문이 언제까지나 활짝 열려 있는 것은 아니라는 사실이다. 어쩌면 지금이 배송 시장에 뛰어들 마지막 기회일지도 모른다는 징후가 속속 드러나고 있다.

기술의 발달로 좁아지는 문

인공지능(AI), 자율주행과 로봇 기술이 상용화 단계에 가까워지고 있는 점은 분명 배송업 종사자들에겐 위협 요인이 될 수밖에 없다. 기술은 한 번 앞으로 나아가기로 정하면 절대 뒤돌아보지 않는다. 한국의 물류 산업에서도 그 변화는 이미 시작됐다. 2025년 3월부터 전국 고속도로 44개 노선, 총 5,224km 전 구간에서 자율주행 화물트럭의 시범 운행이 허가됐고, 일부 노선에서는 실제 주행 테스트가 이뤄지고 있다. 아직 운전자가 옆에 앉아 시스템을 감시하는 단계이지만, 자율주행 기술이 '현장 실험' 단계에 들어섰다는 사실 자체가 중요한 징후다. 아직 상용화까지는 시간이 필요하겠지만, 시장이 전체적으로 기술에 발맞춰 움직이기 시작했다는 사실은 분명하다.

자율주행이 한 번 상용화되면, 한 대의 차량이 하루 동안 움직일 수 있는 시간이 지금보다 훨씬 길어진다. 사람은 피로, 휴식, 근로시간 규제에 묶여 있지만, 자율주행 화물차는 충전이나 연료 보급 시간을 제외하면 거의 24시간 운행할 수 있다. 같은 물량을 처리하는 데 필요한 차량과 인력의 수가 자연스럽게 줄어든다는 의미다.

또한 자율주행 기술이 자리 잡으면 대형 택배사와 플랫폼 기업들이 자체 운송망을 더 공격적으로 확장할 가능성이 커진다. 지금까지는 사람의 운전 능력에 의존했기 때문에 지역별 기사와 차량이 필요했지만, 자율주행이 상용화되면 본사에서 차량을 통합 관리하거나 중앙 제어로 운영할 수 있는 구조가 만들어진다. 이렇게 되면 개별 사업자, 특히 신규 창업자가 진입할 수 있는 여지는 분명 줄어들 수 있다.

그 다음은 로봇 기술이다. 도시 거주 공간에서는 배송 로봇이 점차 자리를 넓히고 있다. 국토교통부와 과기부, 대형 물류기업의 협력으로 진행된 실증 사업 덕분에, 여러 아파트 단지에서는 로봇이 엘리베이터를 호출해 이동하고, 현관 앞까지 물건을 배달하는 장면이 낯설지 않다. 대단위 실증 단지들이 늘어나면서 로봇이 처리할 수 있는 동선과 업무의 범위는 꾸준히 확장되고 있다.

물류센터 내부의 자동화도 빠르게 진행되고 있다. 예전에는 사람이 걸어다니며 물건을 찾던 피킹 작업이 이제는 자율 이동 로봇(AMR)과 AI 기반 경로 알고리즘을 통해 이뤄지고 있다. 대형기업들의 투자 규모 역시 늘어나고 있다. 창고 내부의 자동화는 결국 현장 인력의 업무 비중을 조금씩 재편하게 만든다. 기술이 '사람이 하던 일'을 가져가는 과정이 조용히 진행되고 있다는 뜻이다.

높아지는 배송업 진입 장벽

기술의 발전보다 더 현실적인 문제가 존재한다. 기술이 기회의 문을 서서히 좁히고 있다면, 경제 상황은 또 다른 방식으로 사람을 이 시장으로 몰아넣어 공급 과잉 상태를 초래하고 있다. 고정비를 감당하지 못해 문을 닫는 자영업자들이 증가하고 있고, 대기업과 중견기업의 이른 퇴직 소식도 낯설지 않다. 월급은 오르지 않는데 물가는 올라 지출은 계속 늘어나고, 지금의 자리에서 버티는 것만으로는 미래를 보장할 수 없다는 불안이 커지고 있다.

이런 상황에서 사람들은 비용 부담이 적고, 경력이 없어도 시작할 수 있는 고수입 업종이 무엇인지 고민하게 된다. 그러다 보면 자연스레 배송이 눈에 들어온다. 실제로 우리 회사의 상담 창구에서도 최근 들어 배송 창업 문의가 눈에 띄게 늘었다. 예전에는 관심 수준이었던 사람들이 이제는 생계를 걸고 찾아오는 경우가 많아졌다. 진입자가 늘어난다는 것은 자연스럽게 경쟁이 시작되고 있다는 신호이기도 하다.

그럼에도 아직 늦지 않은 이유

하지만 아직까지는 수요 증가 속도가 공급 증가 속도보다 여전히 빠르다. 온라인 소비가 줄지 않는 이상 물량은 꾸준히 늘어날 수밖에 없고, 경기가 나빠질수록 오프라인 지출이 줄어들고, 이는 오히려 배송 물량을 늘리는 흐름으로 이어진다. 지금은 진입자가 늘고 있지만, 여전히 시장이 넓게 열려 있는 구간이다. 하지만 이런 균형이 언제까지 유지될지는 아무도 장담할 수 없다.

모든 변화는 결국 하나의 지점을 가리키고 있다. 기술은 천천히 사람이 하던 일을 대체하고, 경제는 사람들을 배송 현장으로 밀어 넣고 있다. 이 두 흐름이 함께 움직이면 지금처럼 넓게 열려 있는 기회의 문은 언젠가 점점 닫힐 수밖에 없다.

하지만 아직은 늦지 않았다. 기회는 완전히 닫히지 않았고, 인간이 해야만 하는 일의 영역은 여전히 많다. 고객과의 소통, 현장의 변수를 읽는 직감, 상황마다 다른 판단을 내리는 능력은 기술이 사람을 쉽게 따라올 수 없다. 배송이라는 업종의 특성상 마지막 한 구간, 라스트마일은 특히 인간의 역할이 두드러지는 영역이다.

지금은 기술 변화가 완전히 체계를 바꿔 놓기 전, 그리고 진입자가 시장을 포화시키기 전의 완충 구간이다. 너무 이른 시기에는 시장이 작았고, 너무 늦은 시기에는 기회가 좁아질 수 있다. 지금은 그 중간 어딘가, 누구라도 들어갈 수 있을 만큼의 여지가 남아 있는 시기다.

누군가에게는 이 시기가 마지막으로 사다리를 오를 기회일 수 있고,

누군가에게는 또 다른 출발점이 될 수 있다. 기회는 아직 눈앞에 있고, 지금 이 순간도 누군가는 이 길을 통해 삶을 새롭게 세우고 있다.

2장

배송 창업의 모든 것
나만의 지도를 그리는 법

배송은 단순히 물건을 옮기는 일이 아니다.

이 시장에는 생각보다 많은 형태의 일과 수익 구조,

그리고 서로 다른 전략이 공존한다.

배송은 노동일까, 사업일까.

월급제로 일하는 기사와 배송을 '운영'하는 사람의 차이는

어디에서 갈리는가.

체력, 자본, 환경이 제각각인 사람들이

각기 다른 방식으로 진입할 수 있는 이유는 무엇이며,

영업용 번호판과 준비물 같은 기본 정보는

왜 출발선에서부터 격차를 만드는가.

이 장에서는 배송업의 전체 구조를 펼쳐 놓고,

막연한 이미지가 아닌 '구조화된 창업'으로서의

배송을 이해해본다.

넓고 깊은
배송의 세계

우리가 '배송'이라고 부르는 세계는 생각보다 훨씬 넓고 다양하다. 새벽에 눈을 뜨면 현관 앞에 신선식품 박스가 놓여 있다. 그것은 새벽 배송 기사의 손을 거쳐 온 것이다. 어제 온라인 쇼핑몰에서 주문한 옷은 택배 기사가 문 앞에 두고 갔다. 회사에서 급하게 필요한 서류는 퀵서비스 기사가 30분 만에 가져오고, 늦은 밤 주문한 치킨은 오토바이를 탄 배달 라이더가 제시간에 가져다 놓는다. 주말에 구입한 가구는 설치 기사가 트럭에 싣고 와 조립까지 해서 제자리에 설치해준다. 모두 '배송'이라는 이름의 서비스이지만, 그 안을 들여다보면 각기 다른 방식과 구조로 움직이는 별개의 세계가 무수히 많다.

그러나 이 풍경만으로 배송업 전체를 설명할 순 없다. 우리가 현관 앞에서 받는 그 한 상자는 전국 곳곳의 공장과 센터, 물류 거점을 실핏줄처럼 잇는 거대한 시스템을 거쳐 온 것들이다. 물건은 사람의 손과 차량의 이동을 따라 여러 단계의 경로를 거치고, 그 과정에서 수많은 운송 종사자들이 보이지 않는 흐름을 만들어낸다. 이것이 오늘날 우리 사회를 움직이는 물류의 실체이며, 그 중심에는 다양한 형태의 배송업이 존재한다.

이 책에서 다루는 영역은 그중에서도 '화물운송종사자격증'이 필요한 배송업, 즉 영업용으로 운행되는 사업용 차량을 기반으로 한 운송 사업이다. 이것은 퀵서비스나 음식 배달처럼 개인 차량이나 오토바이만으로 운영하는 단기 업무가 아니라, 계약된 화물을 책임지고 운송하는 전문적인 사업 영역이다. 영업용 번호판을 단 순간부터 운행의 모든 과정이 경제 활동으로 기록되고, 수익 구조와 세금, 책임, 그리고 장기적인 확장 가능성까지 완전히 다른 궤도로 들어선다. 일하는 것 자체가 하나의 사업체는 운영하게 되는 것이다.

그렇다면 화물운송종사자 자격을 가진 사업자가 선택할 수 있는 배송의 세계는 어떻게 펼쳐져 있을까. 이 영역은 크게 두 개의 거대한 강줄기로 나뉜다. 소비자의 일상 흐름을 담당하는 택배 화물 운수업, 그리고 산업과 기업 물류를 움직이는 일반 화물 운송업이 그것이다. 그리고 이 두 갈래는 다시 세밀한 지류로 나뉘어, 각기 다른 일의 방식과 수익 구조, 요구되는 역량을 만들어낸다. 어떤 길은 소형 탑차 하나로 시작할 수 있고, 어떤 길은 대형 트레일러를 다뤄야 한다. 어떤 길은 체력이 핵심이고, 어떤 길은 운전 숙련도가 전부다. 수익 방식도 제각각이어서 어떤 곳은 건당 수수료로 움직이고, 어떤 곳은 운행 거리와 계약 단가가 기준이 된다.

같은 '배송업'이라는 이름 아래 있지만, 어느 강을 선택해 어떤 지류로 들어서느냐에 따라 하루의 일과도, 수익의 구조도 완전히 달라진다.

이제부터 우리는 배송업의 지도를 차근히 펼쳐볼 것이다. 가장 익숙한 소화물 중심의 택배 화물 운수업부터 시작해, 산업의 흐름을 책임지는 일반 화물 운송업까지, 이 세계를 구성하는 다양한 갈래를 하나씩 살펴보자.

택배 화물 운수업

일상과 가장 가까운 소화물(~20kg 이하)의 세계

택배업으로 분류되는 택배 화물 운수업은 배송업 전체 중에서도 가장 대중적이고, 우리가 일상에서 가장 자주 접하게 되는 영역이다. 집

앞에 놓이는 작은 상자와 봉투, 마트에서 주문한 생필품, 온라인 쇼핑몰에서 산 옷이나 잡화들까지 대부분이 이 시장을 통해 움직인다. 이 세계의 중심에는 언제나 소화물이 있다. 크고 무거운 산업재가 아니라 비교적 가벼운 일상 물품을 빠르고 정확하게 전달하는 것이 핵심이다.

이 분야의 고객은 물건을 주문하는 최종 소비자다(B2C : Business to Consumer). 택배 상자 안에는 누군가 온라인 쇼핑몰에서 주문한 옷, 책, 화장품, 생활용품이 들어 있다. 수익은 보통 개당 단가, 즉 1개(박스 또는 비닐 포장 물건)를 배달할 때마다 발생하는 수수료로 만들어진다. 그만큼 물량의 안정성과 처리 속도가 중요한 세계다. 하루에 얼마나 많은 물량을 소화하느냐, 터미널에서 얼마나 빠르게 상하차를 끝내느냐, 구역을 어떤 경로로 순환하느냐에 따라 수익이 크게 달라진다. 그리고 이 모든 과정이 하나의 루틴이 되어 돌아가기 시작하면, 택배 업무는 속도와 리듬이 만들어내는 독특한 효율성을 갖게 된다.

택배 화물 운수업은 다시 세 가지 경로로 나뉜다. 각각의 길은 일의 방식과 난이도, 고객의 유형, 필요한 차량이 서로 다르기 때문에 외형은 비슷해 보여도 내부는 완전히 다른 세계다.

일반 택배, 가장 대중적인 시작점

첫 번째는 일반 택배다. 정해진 구역을 중심으로 물량을 배송하는 가장 기본적이면서도 가장 안정적인 업종이다. 터미널에서 물건을 수령해 자신의 배정 구역으로 이동하고, 순서대로 문 앞에 물건을 전달한다. 이 세계의 경쟁력은 특별한 기술이 아니라 '성실함과 꼼꼼함'이다. 담당 구역의 도로 구조를 익히고, 주소의 특징을 파악하고, 재배송을 줄이는 방식으로 루틴을 최적화하는 순간, 하루의 피로도는 줄어들고 수익은 자연스럽게 안정된다.

일반 택배의 장점은 물량 확보가 비교적 용이하다는 점이다. 대형 택배사와 계약을 맺으면 안정적으로 일감이 들어온다. 처음 배송업을 시작하는 사람들에게 가장 무난한 진입로다. 하지만 경쟁이 치열하고, 건당 수수료가 상대적으로 낮은 편이라 월 500만 원 이상을 벌기 위해서는 상당한 물량을 소화해야 한다. 그래서 이 일에 적합한 사람은 규칙적인 생활을 선호하고, 체력이 받쳐주며, 꾸준함으로 승부할 수 있는 사람이다.

새벽 배송, 시간과 신선도의 싸움

두 번째는 새벽 배송이다. 어둠 속에서 시작해 동이 터올 때 일이 끝나는 이 업종은 일반 택배보다 높은 단가를 제공한다. 하지만 그만큼 평범한 직장인과는 조금 다른 생활 리듬을 요구한다. 또한 냉장·냉동 탑차를 사용해야 하며, 신선도를 유지하기 위한 콜드체인 관리가 필수다. 마켓컬리, SSG, 각종 식자재 배송, 쿠팡 프레시백 배송 같은 새벽 배송 서비스가 대표적이다. 물건을 건네는 과정이 대부분 비대면이며, 일정이 규칙적이라는 장점이 있다. 낮시간을 온전히 자신의 일정대로 활용할 수 있다는 점 역시 많은 사람들이 이 업종을 선택하는 이유다. 반면 일정한 시간 안에 물량을 완주해야 하기 때문에 정확성, 체력, 집중력이 요구된다. 야간 근무에 대한 거부감이 없고, 꼼꼼한 시간 관리가 가능하며, 높은 단가를 위해 생활 패턴을 조정할 수 있는 사람이라면 새벽 배송은 안정적인 선택지가 될 수 있다.

생수·정기 구독 배송, 체력이 곧 수익

세 번째는 생수·정기 구독 배송이다. 물량은 소화물이지만, '무겁다'는 특징이 가장 먼저 눈에 들어온다. 생수통, 쌀 포대, 사료, A4용지, 음료수 등 정기 배송되는 대형 소비재 등은 반복적으로 들고 나를 수밖에 없어서 체력이 필수다.

그래서 단점이 명확하다. 압도적인 체력 소모다. 20대나 30대 초반의 젊은 체력이 아니면 버티기 힘들다. 허리 디스크, 무릎 연골 손상 같은 직업병 위험도도 높다. 따라서 이 일을 오래 지속하기 위해서는 올바른 자세, 체력 관리, 그리고 근력 운동이 필수다.

반면 장점도 분명하다. 정기적인 구독 물량이라는 특성 때문에 매출이 안정적이고 재방문률이 높다는 것은 장점이다. 무엇보다 일반적인 택배에 비해 업무 자체가 상당히 쉽다. 송장 확인이나 고객 응대, 반품 처리 등 배송 이외의 것에는 아무것도 신경 쓰지 않고 오로지 체력으로 승부를 보려는 사람에게 잘 맞는 일이다.

이 세 가지 경로만 보더라도 소화물 배송이라는 한 단어로 묶인 세계 안에도 얼마나 다양한 삶의 방식이 존재하는지를 알 수 있다. 어떤 물건을 다루느냐, 어떤 시간에 일하느냐, 어떤 리듬에 몸을 맞추느냐에 따라 하루는 완전히 다른 얼굴을 가진다.

일반 화물 운송업
: 산업의 흐름을 움직이는 대형 물류의 세계

택배 화물 운수업이 소비자의 일상을 움직이는 작은 강줄기라면, 일반 화물 운송업은 그보다 훨씬 넓은 산업의 흐름을 책임지는 큰 강이다. 이 세계는 소화물이 아니라 대형 화물, 산업재, 산업 식자재, 도매 물류를 중심으로 움직인다. 수익의 구조도 건당 수수료가 아니라 운행 거리, 톤수, 작업 난이도에 따라 책정되는 방식으로 달라진다.

간선 배송, 물류의 대동맥

이 분야도 다양한 세계가 존재한다. 첫 번째는 간선 운송(미들 마일)이다. 물류센터와 물류센터를 잇는 장거리 운송으로, 물류의 대동맥에 해당한다. 새벽이든 심야든 가리지 않고 입차지에서 출발해 정해진 시간에 도착하는 패턴이 반복되기 때문에 일의 리듬이 매우 불규칙해 보인다. 하지만 업무에 익숙해질수록 본인에게 맞게 업무를 조율할 수 있다는 장점이 있다. 대형 화물차나 트레일러를 운전해야 하기 때문에 초기 차량 구입 비용이 높지만, 그만큼 운행 단가 또한 높다. 상하차 부담이 적거나 거의 없는 경우가 많아 체력 소모는 적은 대신 운전 숙련도가 핵심 역량이다. 한 번 루틴이 잡히면 매우 안정적인 업종이며, 장기적으로 높은 수익 구조를 만들 수 있다.

간선이라는 큰 줄기 아래에는 또 하나의 갈래가 있다. 바로 간선 상하차, 즉 터미널 하역 업무다. 간선 운송이 거점을 잇는 대동맥이라면, 간선 상하차는 그 대동맥의 시작과 끝을 매일 열고 닫는 역할을 맡는다. 이 분야는 운송이라기보다 물류 흐름을 정교하게 맞추는 '하역 업무'에 가깝다. 화물을 정확한 시간에 싣고 내리기 위해 강한 체력과 빠른 손놀림이 필요하며, 지게차나 특수 장비를 다루는 경우도 많아 장비 자격이 요구되기도 한다.

차량을 운행해 유상 운송을 하는 업종이 아니므로 화물운송종사자격 증이 필수는 아니지만, 물류 시스템의 핵심을 직접 경험할 수 있다는 점에서 초보자에게는 중요한 진입로가 될 수 있다. 일반 화물을 다루는 다른 업종에 비해 고정 루틴이 강하고, 팀 단위로 움직이는 경우가 많아 혼자 일하는 운송업과는 또 다른 결을 가진다.

이 분야의 경우 대부분 회사에 소속되어 직원으로 일하게 되므로, 배송 창업을 주제로 하는 이 책에서는 별로로 다루지 않는다.

가전·가구 조립 배송, 기술이 결합한 고부가가치 영역

가전·가구 조립 배송은 기술이 결합된 고부가가치 영역이다. 이 분야는 단순히 물건을 옮기는 데서 끝나지 않는다. 설치와 조립, 경우에 따라서는 간단한 기술 서비스까지 포함되면서 물류와 서비스가 하나의 업무로 엮인다. 대표적인 사례가 가구·가전 설치 배송이다. 이케아 가구 배송을 떠올려보면 이해가 쉽다. 제품을 현관 앞에 내려놓는 것이 아니라 고객의 집 안으로 들어가 조립과 설치를 마쳐야 일이 끝난다. 배송이 아니라 '완성'까지 책임지는 구조이기 때문에 자연스럽게 단가도 올라간다.

이 영역의 특징은 운반보다 조립이 중심이 된다는 점이다. 예전처럼 무겁고 다루기 어려운 원목 가구가 주류였던 시절과 달리, 최근에는 가

넙고 모듈화된 가구들이 많아졌다. 디자인은 세련됐지만 구조는 단순해졌고, 설명서 역시 직관적으로 바뀌었다. 그 결과 가구 조립 배송은 1인 작업이 가능한 형태로 빠르게 재편되고 있다.

이 때문에 가구·가전 조립 배송은 굉장히 안정적인 구조를 가진다. 단순 배송처럼 물량 경쟁에 휘둘리기보다는, 조립이라는 기술에 대한 수요가 꾸준히 발생한다. 그래서 이 영역에 들어온 사람들은 대체로 5년 이상, 경우에 따라서는 10년 이상을 내다보고 시작한다. 생수 배송처럼 일을 오래 할수록 몸이 상하는 구조가 아니라, 조립 노하우와 숙련도가 쌓이면 같은 시간에 더 안정적인 수익을 만들어낼 수 있기 때문이다.

물론 진입 장벽이 없는 것은 아니다. 처음에는 조립 기술을 반드시 배워야 한다. 대개 한 달 정도는 기술을 익히는 기간으로 생각하고 시작하는 게 좋다. 이 구간을 성급하게 넘기려 하면 오히려 오래 가지 못한다. 생수 배송처럼 시작과 동시에 수입이 발생하는 구조는 아니지만, 대신 일정 수준에 올라서면 몸이 버거워 그만두는 상황이 생기지는 않는다.

책임 부담도 분명히 존재한다. 무거운 가구를 옮기고, 좁은 공간에서 작업하며, 고객의 집 안에서 작업해야 한다. 제품이 파손되거나 집 안을 훼손하면 배상 책임이 따르기 때문에 작업 태도와 집중력이 중요하다. 그래서 이 일은 손재주가 있고, 조립과 설치를 배우는 데 거부감이 없으며, 고객 응대에 어느 정도 자신이 있는 사람에게 적합하다.

특히 2인 1조나 부부가 함께 일하려는 경우에는 좋은 선택지가 된다.

두 사람이 함께 움직이면 더 크고 까다로운 조립·설치 물량을 맡을 수 있다. 단순히 노동량을 나누는 차원이 아니라, 팀 단위 작업이 가능한 영역으로 확장되는 것이다. 이 역시 가구·가전 조립 배송이 배송을 넘어선 기술 서비스로 분류되는 이유다.

지정 거래처 납품, 안정적인 파트너십의 길

세 번째는 지정 거래처 납품이다. 특정 기업과 전속 계약을 맺고, 그 기업의 물류를 꾸준히 담당하는 형태다. 세탁 프랜차이즈, 대형마트 협력업체, 식자재 유통기업 등과 계약을 맺으면, 매일 같은 시간에 같은 물량을 운송하는 구조가 만들어진다. 예를 들어, 크린토피아 같은 세탁 프랜차이즈와 계약하면 각 지점에 세탁물을 수거하고 배달하는 일을 전담한다. 대형 마트 물류센터와 계약하면 각 매장에 상품을 납품하고, 화장품 브랜드 대리점과 계약하면 전국 매장에 제품을 배송한다. 일반 택배 배송과 달리 배송 횟수가 적은 것이 장점이다. 하루에 적으면 2~3군데, 많으면 15군데 내외를 돌면 된다.

지금까지 대략 살펴본 것처럼 배송업은 하나의 직업이 아니라 여러 갈래의 길이 얽혀 있는 거대한 산업이다. 같은 1톤 트럭이라도 어떤 화물을 싣느냐에 따라 배송기사의 하루가 전혀 달라지고, 같은 업종이라도 구역, 계약 구조, 물량 특성에 따라 수익과 생활 패턴은 크게 바뀐다.

중요한 것은 어느 길이 더 좋으냐가 아니다. 이렇게 다양한 길이 존재한다는 사실을 아는 것, 그리고 이 중에서 자신에게 맞는 길을 신중히 선택해야 한다는 것이다.

배송업의 종류와 특성 비교

유형	주요 화물	난이도 (체력/기술)	사용 차량	핵심 특징
일반 택배	소형 박스·봉투 (20kg 이내)	★★★★☆ / ★★★☆☆	1톤 탑차	· 대중적·안정적 · 성실함·속도 중요
새벽 배송	신선식품· 구독상품	★★☆☆☆ / ★★☆☆☆	1톤 냉동 탑차 (냉장은 거의 사용하지 않음)	· 비대면 · 콜드체인 필수 · 밤낮이 바뀌는 생활패턴 많음
생수· 정기배송	생수·쌀·사료 등 중량물	★★★★★ / ★☆☆☆☆	1톤 탑차	· 압도적 체력형 · 일머리 최하
간선 운송	대형 화물· 산업재	★☆☆☆☆ / ★☆☆☆☆	5톤↑ 축차	· 패턴 고정 · 고수익 · 초기비용(차량) 높음
가구·가전 설치	가구·가전 조립, 설치	★★☆☆☆ / ★★★★★	1~3.5톤 초하이 탑차, 카고(확장), 리프트 등등(가구·가전 센터마다 상이)	· 기술 기반 · 고부가가치
지정 납품	식자재· 프랜차이즈 등	★★☆☆☆ / ★★★☆☆	1~5톤	· 전속 계약이어서 안정적 · 어떤 식자재 또는 루트냐에 따라 난이도 차이 심함 (변동 심함)

월급쟁이? 사업가?
선택은 당신의 몫

배송 창업을 한 번이라도 진지하게 고민해본 사람이라면 가장 먼저 마주하게 되는 질문이 있다.

"같은 일을 하면서도 왜 누군가는 월급을 받고, 누군가는 사업을 하는 가."

똑같이 트럭을 몰고, 똑같이 물건을 나르는데도 그 하루가 계산되는 방식은 전혀 다르다. 그리고 이 차이는 단순한 고용 형태의 차원이 아니라, 앞으로 어떤 삶을 선택할 것인가에 대한 선택으로 이어진다.

배송업에 발을 들이려는 사람이라면 이 지점에서 한 번쯤 멈춰 서야 한다. 안정적인 길을 택할 것인지, 스스로 길을 만들어갈 것인지. 두 갈래는 다른 세계로 우리를 데려간다.

배송업에 진입하는 길은 크게 두 가지다. 하나는 회사에 소속되어 월급을 받는 직고용 형태의 월급쟁이 배송기사의 길이고, 다른 하나는 차량과 노선을 기반으로 자신의 사업을 운영하는 지입 기사, 즉 배송 창업자의 길이다. 두 길 모두 땀의 가치를 기반으로 한 정직한 일이지만, 그 땀이 돈으로 환산되는 방식은 다르다.

월급제의 길

: 안정이라는 단단한 울타리

월급제 직고용 기사는 일반 직장인과 다를 바 없다. 회사와 근로계약을 맺고 정해진 시간 동안 일하며, 매달 고정된 급여와 인센티브를 받는다. 월급제 기사의 장점은 한 단어로 압축된다. 바로 '안정'이다. 회사가 차량을 제공하고, 유류비나 유지비도 대부분 회사가 부담한다. 4대 보험과 퇴직금이 보장되고, 사고가 나도 회사와 보험사가 함께 책임을 나누기 때문에 개인이 짊어져야 할 리스크는 낮다. 택배 물량의 증감을 걱정할 필요도 없다.

안정적인 만큼 단점도 명확하다. 아무리 열심히 뛰어도 월급은 월급이다. 평균 300만 원 내외다. 대기업 일부 또는 개인기업에서만 시행되는 이 구조는 경제적 자유나 자산 형성을 목표로 하는 사람에게 답답하게 느껴질 수 있다.

창업의 길

: 리스크를 감수하는 대신, 수익의 문이 열린다

반대로 지입 제도는 이름 그대로 '배송 창업'이다. 개인사업자로서 차량을 직접 소유하고 물류 회사와 계약을 맺어 운송 서비스를 제공한다. 언뜻 보면 회사 소속 기사와 하는 일은 비슷해 보이지만, 실질적으로는 작은 운송 회사를 운영하는 셈이다.

이 세계에서 가장 중요한 단어는 '사업자'다. 차량을 언제 교체할지, 어떤 노선을 선택할지, 유류비를 얼마나 줄일지, 하루의 루틴을 어떻게 설계할지 등 모든 것이 본인의 선택과 판단에 달려 있다. 그리고 그 판단 하나하나가 수익으로 돌아온다.

이 구조의 가장 큰 장점은 수익의 상한선이 없다는 것이다. 단순한 고정 운송료가 아니라 동선 효율화, 시간 배분, 운행 경비 절감 같은 작은 경영 전략들이 순수익을 크게 변화시키는 힘이 된다. 시간의 자율성도 빼놓을 수 없는 장점이다. 자신의 사업이기 때문에 너무나 당연한 이야기다.

대신 모든 책임도 자신이 져야 한다. 차량 구매, 보험료, 세금, 유류비 등의 운영 비용을 본인이 감당한다. 시장 상황에 따라 물량이 줄어들면 수입이 출렁일 수도 있다.

하지만 리스크가 있다는 말은 곧 경영 전략이 끼어들 여지가 있다는 뜻이기도 하다. 누군가는 고정 노선 하나로 월 400만 원을 벌고, 또 누군가는 새벽 배송이나 고단가 운임을 활용해 월 600만~700만 원 이상을 만들어낸다. 더욱이 최상위권은 대한민국 직장인 기준, 단 2.6%밖에 존재하지 않는다는 꿈의 '월 1,000만 원'도 달성한다. 땀의 방향만 정확히 잡으면, 그 땀이 통장 잔고를 전혀 다른 숫자로 바꿔놓는 것이 배송 창업의 세계다.

시키는 일 vs 나의 사업, 그 결정적 차이

월급제 기사로 오랜 기간 일한 뒤 우리 사무실을 찾아오는 배송기사가 적지 않다. 20년간 우체국 집배원을 했던 루트매니저(우리 회사에서는 배송기사를 '루트매니저'로 부른다) 한명식(가명) 씨도 그중 한 사람이다. 퇴직 당시 그의 월급은 200만 원 후반대. 아이들이 커가고 지출이 늘면서 생활이 빠듯해지자 월급만으로는 더 이상 버틸 수 없다는 생각에 배송 창업을 고민했다.

사무실에 들어온 그는 잔뜩 풀이 죽어 있었다.

"월급으로는 도저히 생활이 안 되겠더라고요. 그런데 워낙 빠듯한 생활에 저축해둔 돈이 없어서 차량 구입할 형편이 안 되는데 어쩌죠?"

이런 사람들에게 방법이 없는 건 아니다. 바로 차량 임대 방식이다.

차량이 없어도 창업이 가능하다는 사실을 알게 되자 그의 얼굴이 한순간에 환해졌다.

"그럼 고민해볼 것도 없겠네요. 하루라도 빨리 시작하고 싶어요."

20년 경력은 거짓말을 하지 않았다. 두 달째부터 월 450~500만 원을 손에 쥐었다. 똑같은 일을 하는데, 2배를 번 셈이다.

석 달 뒤 한결 편해진 얼굴로 그가 내게 이렇게 말했다.

"왜 진작 창업을 하지 않았을까요. 더 일찍 시작하지 않은 게 너무 후회돼요."

또 다른 사례도 있다. 3년 동안 회사에 소속되어 납품 배송기사로 일하다가 우리 회사를 찾은 루트매니저 이명진(가명) 씨다. 이미 3년 전에 배송 창업을 알아봤지만, 스스로 배송 일을 할 수 있을지 확신이 없어 일단 취직을 하기로 결정했던 것이다. 앞서 우체국 집배원과 마찬가지로 그의 월급도 200만 원대 후반에서 크게 벗어나지 못했다.

3년간 납품 배송을 하며 이제는 충분히 도전해볼 수 있다고 판단한 그는 결국 다시 배송 창업에 도전했고, 지금은 새벽 배송으로 월 700만 원을 벌며 신나게 일하고 있다.

　과거에 하던 일도, 지금 하는 일도 다르지만, 두 사례의 결과는 같다. 같은 트럭, 같은 노동, 같은 시간이어도 어떤 구조 안에서 일하느냐에 따라 삶의 풍경이 완전히 달라진다는 것이다.

　배송 창업은 단순히 운전을 하는 일이 아니다. 차량을 활용해 수익을 창출하는 작은 물류 사업이다. 월급제는 삶을 간신히 유지하는 구조라면, 사업자는 삶을 확장하는 구조다. 이 둘 중 어떤 길이 더 좋은 길인지 정답은 없다. 중요한 것은 어떤 길이 자신의 목표와 성향에 맞는가다.

　이왕 배송업에 발을 들이려 한다면, 같은 땀이라도 정직하게 보상받는 구조를 선택하는 것이 좋지 않을까? 그 구조가 당신의 하루를 바꾸고, 그 하루가 당신의 삶을 바꾼다. 이 책은 그 길로 향하려는 이들이 흔들림 없이 그 길을 걸을 수 있도록 안내할 것이다.

배송 창업
필수 준비물 4가지

"지입 사기는 안 당하려고 제 돈 주고 차부터 샀는데, 공고에 올라오는 일은 쿠팡 퀵플렉스뿐이에요. 그런데 체력이 달려서 도저히 못 하겠어요. 어떻게 하죠?"

40대 후반의 남성이 배송인그룹 상담실에서 마른 세수를 하며 내뱉은 말이다. 평생 거친 일을 해본 적이 없다는 그는 사기를 피하려 나름대로 알아보고 1톤 탑차를 마련했다. 하지만 초보자가 맨몸으로 부딪쳐 잡을 수 있는 일감은 퀵플렉스 같은 고강도 택배뿐이었다.

상담을 진행하며 나는 그에게 가구 조립배송을 제안했다. 꼼꼼하게 손을 움직이는 것을 좋아하고 서비스 마인드가 좋은 그의 성향에 딱 맞는 일이었다. 그는 "이런 배송 분야가 있는 줄도 몰랐다"며 그제야 희망을 찾는 듯 보였다. 하지만 진짜 문제는 그다음이었다.

그가 전 재산을 털어 사 온 1톤 탑차는 가구 조립 배송 현장에서는 무용지물이나 다름없었다. 또한 그가 일하고 싶어 하는 센터는 소위 '아·바·사·자'라 불리는 영업용 번호판이 필수였는데, 그에게는 그럴 자금이 남아 있지 않았다. 더 큰 걸림돌은 차량의 제원이었다. 그가 희망한 가구 조립 배송(HF)은 탑차가 아닌 '확장형 카고' 차량을 주로 사용하기 때문이다.

그는 결단을 내렸다. 손해를 감수하고 차량을 중고로 판매한 뒤, 배송인그룹의 차량 임대 제도를 활용해 다시 시작하기로 했다. '이번이 마지막'이라는 각오로 동승 교육을 받은 후 밤마다 조립 영상을 돌려보며 공부한 결과, 그는 6개월 만에 월수입 800만 원을 돌파했다. 하지만 처음부터 제대로 알고 준비했다면 겪지 않았을 값비싼 대가를 치러야 했다.

이 사례처럼 배송업에 발을 들이겠다고 마음먹는 순간, 누구나 비슷한 질문에 부딪힌다.

'뭐부터 준비해야 하지?'

배송업은 트럭(탑차)만 있다고 되는 일도 아니고, 의욕만 앞선다고 되는 일도 아니다. 내가 하려는 일의 성격에 맞는 정확한 '도구'와 '자격'이 갖춰져야 한다. 이 길은 생각보다 준비해야 할 것이 많으며, 누구나 똑같은 출발선에서 기초부터 점검해야 한다.

배송 창업을 위해 필요한 요소는 크게 네 가지다.

- 화물운송종사자격증

- 배송 차량

- 영업용 번호판

- 사업자등록증

이 네 가지는 운전자가 아니라 사업자로 서기 위한 최소한의 조건이다. 각각은 별개의 준비물이 아니라 서로 연결된 구조를 이루고 있으며, 어느 하나라도 빠지면 사업의 기반 자체가 흔들릴 수 있다.

이제 배송 창업의 첫 단추를 차례로 끼워보자.

화물운송종사자격증

: 사업용 운전의 첫 관문

배송 창업을 준비하는 과정에서 가장 먼저 넘어야 할 문턱은 화물운송종사자격증이다. 이 자격은 영업용 화물차를 운전할 수 있는 최소한의 조건이자 배송업의 세계로 들어서는 '입장권'과 같다.

국가 자격증이기 때문에 취득을 위해서는 당연히 시험을 치러야 한다. 다행히 시험 난이도는 높지 않다. 실기시험 없이 필기시험만으로 진행되며, 객관식 문제에서 60점 이상만 득점하면 된다. 운전면허 필기시험과 비슷한 수준이라 대부분 하루 정도 공부하면 충분히 합격할 수 있다.

그러나 시험 그 자체보다 더 중요한 것이 있다. 누구나 응시할 수 있는 시험이 아니라는 점이다. 이 자격증은 운전 경력과 과거의 면허 이력에 따라 응시 자격이 달라진다. 운전면허(2종)를 취득한 지 최소 2년이 지나야 시험 응시가 가능하다.

여기서 많은 초보 창업자가 오해하는 부분이 있다. 배송업을 시작하려면 반드시 1종 보통 면허가 필요하다고 생각하는 경우가 많다. 그래서 2종 자동 면허를 가지고 있는데도 굳이 1종으로 바꾼 뒤 시작하려는 사람들이 있다. 하지만 이것은 실제와 다르다. 오늘날 배송업에 사용되는 대부분의 1톤 트럭은 오토 차량이며, 따라서 2종 자동 면허만 있어도 문제없이 운행할 수 있다.

운전이 처음인 사람이라면 1종 보통 면허 취득을 고민하기도 하지만, 굳이 그럴 필요는 없다. 중요한 것은 수동이 아니라 자동 차량을 운전할 수 있는 면허인지, 그리고 도로 위에서 안전하게 운행할 수 있는 준비가 되어 있는지다. 1톤 배송업은 2종 자동 면허로도 충분히 시작할 수 있다.

다만 운전면허 이력이 깨끗한지는 반드시 확인해야 한다. 면허 취소 이력이 있는 경우에는 상황이 달라진다. 운전면허를 재취득했더라도 취소된 날로부터 최소 5년이 지나야 화물운송종사자격 시험을 볼 수 있다(2017년 7월 17일 이전 취소 건은 2년 기준 적용). 이 부분을 미리 알지 못해 차량 계약을 하고 번호판 준비까지 완료한 뒤에 시험 응시가 불가능하다는 사실을 뒤늦게 알게 되는 경우도 더러 있다. 반드시 본인의 면허 이력을 확인해야 한다.

시험은 한국교통안전공단(TS)이 주관한다. 문제는 수요에 비해 시험 일정이 부족하다는 점이다. 서울과 경기권은 특히 경쟁이 심해 시험 예약까지 기본 1~2개월 이상 대기해야 하는 경우도 발생한다. 창업 준비에 속도를 내고 싶은 사람이라면 이 부분이 가장 답답하게 느껴질 수 있다.

그래서 배송 창업을 고려 중이라면 이 시험을 가장 먼저 준비해야 한다. 만약 응시 자격 조건에 부합하고, 가능한 한 빠르게 업무를 시작하고 싶다면 배송 분야를 먼저 결정하는 편이 좋다. 시험 일정이 포화상태이다 보니 배송인그룹에서는 소속 루트매니저들에게 해당 시험을 빠르게 응시할 수 있는 방법을 안내하고 있다.

어쨌든 차량을 계약하기 전에, 번호판을 고민하기 전에, 사업자등록을 논의하기 전에 가장 먼저 어떤 업무를 선택했는지와 함께 화물운송종사자격을 확보하는 것이 창업 속도를 결정한다.

구분	확인 항목	비고
응시 자격	운전면허 취득 후 2년 경과	2종 자동/1종 보통 모두 가능 (오토 차량이면 2종으로도 충분)
응시 자격	면허 취소 이력 여부	취소일로부터 5년 경과해야 응시 가능 (2017년 7월 17일 이전 취소는 2년)
시험 구성	필기시험 (객관식)	60점 이상 합격, 운전면허 필기와 유사
시험 일정	예약 대기 기간	수도권 기준 1~2개월 대기 발생 가능 (배송업무 확정시 빠른 취득 도움받을 수 있음)
빠른 응시 팁	취소분 활용	취소분·기관 연계 일정 활용 시 2~3일 내 응시 가능

배송 차량

: 업종에 맞는 '발'을 고른다

두 번째 준비물은 말할 것도 없이 차량이다. 다만 '트럭 하나 있으면 되겠지'라고 생각하면 이 업계를 너무 얕잡아본 것이다. 같은 1톤 트럭이라도 트럭(카고)인지 탑차인지, 냉장·냉동 탑차인지, 윙바디인지에 따라 할 수 있는 일이 완전히 달라진다. 3.5톤 이상 중형·대형 화물차로 올라가면 세계는 또 한 번 갈라진다.

배송업에서 기본이 되는 차량은 세 가지다. 탑차, 카고(트럭), 호로. 이 세 가지는 거의 모든 배송업의 출발점이 되는 차량 종류다.

탑차는 외부 날씨와 충격을 막아주는 밀폐형 구조로, 우리가 흔히 보는 택배 차량이나 생활물류의 표준 차량이다. 배송 창업 희망자들이 가장 먼저 마주치는 차종이 바로 1톤 탑차다. 일반 택배, 생수/정기 배송, 소형 가구 배송 중 일부, 이제는 새벽 배송까지 이 1톤 탑차가 담당하는 영역이 상당히 넓다. 상자를 많이 실을 수 있도록 폐쇄형 탑이 올라가 있고, 비가 오나 눈이 오나 화물이 보호되는 구조다. 도심 골목을 주로 다니기 때문에 운전 난이도도 상대적으로 낮은 편이다. 일감을 구하기가 비교적 쉽고, 진입 장벽이 낮다는 점에서 처음 배송업에 들어오는 사람들이 가장 많이 선택하는 차종이다.

카고는 오픈형 적재함을 가진 트럭으로, 부피가 크거나 포장되어 있는 화물의 운반에 적합하다. 호로는 카고에 천막을 씌운 구조로, 비나 먼지 차단이 필요한 일반 화물 운송에서 가장 널리 쓰인다.

하지만 업종을 조금만 넓혀보면 훨씬 다양한 차량이 등장한다. 새벽 배송, 신선식품 배송, 정육·수산물·농산물 도매 납품처럼 온도 관리가 중요한 업종이라면 냉장·냉동 탑차가 필요하다(최근엔 냉장은 거의 쓰지 않고 냉동 탑차가 주를 이룬다). 이 차량은 탑 안에 냉장·냉동 장비가 설치돼 있어 일정 온도를 유지해준다. 콜드체인이 무너지면 상품 가치가 바로 떨어지기 때문에 차량 자체의 상태뿐 아니라 장비 유지·관리도 중요한 업무가 된다. 초기 차량 가격과 유지비가 일반 탑차보다 높은 편이지만, 단가가 그만큼 높은 업종에 진입할 수 있다는 점이 장점이다.

측면이 날개처럼 열리는 윙바디 차량은 팔레트 단위로 상·하차를 하는 도매 물류, 공장·창고 간 운송, 가전배송 등에 많이 쓰인다. 상자를 한 개씩 손으로 싣고 내리는 것이 아니라 지게차나 리프트로 대량 상·하차를 하기 때문에 작업 방식 자체가 다르다. 3.5톤, 5톤 이상의 중·대형 윙바디 차량을 선택하면 간선(미들 마일) 운송, 식자재나 공산품 같은 대량 납품 업종으로 진입할 수 있다. 이 경우에는 운전 난이도, 차량 유지비, 고속도로 장거리 운행에 대한 적응력까지 함께 고려해야 한다. 경우에 따라서는 도색이나 특장이 필요할 수도 있다.

배송업은 단일한 세계가 아니고, 차량 선택은 업종의 특성과 동선, 수익 구조와 직결된다. 초보자가 막연하게 '1톤 차량이면 다 된다'라고 생각하는 것은 위험하다. 1톤이라도 어떤 구조의 차량이냐에 따라 운송할 수 있는 업종 자체가 달라지기 때문이다.

그렇다면 차량은 어떻게 마련해야 할까? 원칙적으로 배송업은 개인 사업자이기 때문에 차량을 개인이 직접 준비하는 것이 기본이다. 차량을 구매하든, 중고를 구하든, 임대를 하든 모두 개인의 선택이다. 그러나 현실에서는 독특하게도 원청사 또는 알선사에서 회사 명의 차량을 임대해주는 제도가 일부 시행되고 있다. 차량 준비 비용이 부담되거나 신용이 낮아 구매가 어려운 사람들을 위해 제공되는 방식인데, 기사 명의가 아니라 100% 회사 명의로 된 차량을 빌려주는 구조다.

임대료는 보통 월 40만~60만 원 선이며, 자차 기사와 동일하게 단가를 받고 동일한 근무 조건을 적용받는다. 초기 자본이 부족하거나 신용도 문제로 차량 구매가 어려운 사람이 가장 빠르게 현장에 진입할 수 있는 방법이다.

하지만 이 제도가 모든 회사에서 선하게 쓰이는 것은 아니다. 일부 알선사는 차량 판매 수익을 노리고 "차량은 회사에서만 구매해야 한다"고 강요하는 경우가 있다. 시세보다 훨씬 높은 가격을 붙이거나 불필요한 장비를 끼워 팔며 사기를 치는 방식이다. 특히 1톤 차량은 시장에서 너무 흔하기 때문에 특정 회사에서만 구매해야 한다는 말은 거의 100% 경계해야 한다.

차량 선택은 기사 본인의 권한이고, 시장에서 원하는 방식으로 선택할 자유가 있다. 무엇보다 배송 창업의 첫 단계에서 가장 많이 당하는 사기가 바로 '차량 가격 부풀리기'다. 차량을 어떻게 마련해야 하는지보다 더 중요한 것은 어디에서 마련하면 안 되는지를 아는 것이다.

그래서 차량을 고를 때는 업종에 맞는 차종을 고르는 것, 합리적인 가격과 조건으로 계약하는 것, 이 두 가지가 중요하다. 지금 당장 눈앞에 제시된 할부금만 보지 말고, 실제 중고 시세와 비교해 얼마나 더 부담하고 있는지, 계약서에 숨은 수수료 항목은 없는지, 차량을 중간에 교체하거나 업종을 바꾸고 싶을 때 제약은 없는지까지 꼼꼼히 확인해야 한다. 트럭은 단순한 이동 수단이 아니라 당신의 사업을 떠받치는 '발'이다. 처음 한 번 잘못 선택하면, 매달 나가는 할부금이 발목을 잡는 족쇄가 되기도 한다.

배송 차량 종류별 비교

종류	적합 업종	장점	단점	운전 난이도	초기 비용
1톤 탑차 (전기·LPG)	- 일반 택배 - 생수·정기배송 - 새벽 배송(일부)	- 일감 다양 - 진입 장벽 낮음 - 택배는 배 번호판 발급 가능	- 적재중량 한계 충전·주행거리 제약	낮음	중
냉장·냉동 탑차	- 새벽배송 - 신선식품 도매	- 상대적 고단가, - 안정적 물량	- 일반 탑차보다 비싼 차량·장비 비용	중	중~고
카고/호로	- 일반 화물 - 도매 납품 - 가구/가전	- 다양한 화물 운송	- 날씨 영향을 줄이기 위한 도구 필요(천막 등)	낮음	저
윙바디 (3.5~5톤↑)	- 간선 운송 - 팔레트 납품	- 상하차 효율· 대량 운송	- 대형차 면허 필요 - 높은 초기 비용	높음	고

영업용 번호판

: 아·바·사·자 넘버 or 배 넘버

세 번째 준비물은 번호판이다. 같은 트럭이라도 어떤 번호판을 달고 있느냐에 따라 할 수 있는 일이 달라지기 때문에 중요하다. 우리나라 자동차 번호판은 색과 글자를 통해 용도를 구분한다. 흰색 번호판에 '가·나·다…'로 시작하는 일반 글자가 붙어 있으면 비사업용 자가용이다. 노란색 번호판에 '아·바·사·자·배' 같은 글자가 붙어 있으면 택시, 버스, 화물, 택배 등 운수사업용이다.

여기서 예비 창업자들이 가장 혼란스러워하는 것이 바로 '아·바·사·자 번호판'과 '배 번호판'의 차이다. 업계에서는 이 둘을 줄여서 '아·바·사·자 넘버', '배 넘버'라고 부른다. 두 번호판 모두 영업용이지만, 성격과 사용 범위가 다르다. 번호판은 단순히 차량에 붙는 금속판이 아니라, 앞으로 어떤 업무를 할 수 있고 어떤 업무는 절대로 할 수 없는지를 결정하는 일종의 '사업 자격'이다. 그런데 많은 예비 창업자들은 정확한 정보 없이 상담을 받고, 바로 이 지점에서 첫 번째 실수를 저지른다.

어떤 사람은 "아·바·사·자 번호판은 무료로 준다고 들었는데 왜 몇백만 원을 내야 하죠?"라고 묻는다. 반대로 "배 번호판은 영업용이니까 비싼 게 맞겠지요?"라며 수백만 원을 요구받고도 당연하다는 듯 지갑을 열려는 사람도 있다. 두 경우 모두 정보 부족을 노린 함정이고, 실제로 많은 기사들이 이 함정에 빠져 억울한 피해를 본다.

먼저, 아·바·사·자 번호판은 모든 배송업에 진입할 수 있는 가장 범용적인 영업용 번호판이다. 택배는 물론 가구 조립배송, 가전 설치배송, 각종 납품, 연계배송, 생수 배송, 식자재 배송, 가구·가전 설치배송까지 거의 모든 업종을 아우른다.

하지만 그만큼 가격이 높다. 2,500만~3,000만 원대에 시세가 형성돼 있다. 다만 아·바·사·자 번호판은 되팔 수 있다는 점에서 자산적 성격을 갖는다. 일종의 '권리금'과 같은 개념이다.

부담이 크다면 '대여 방식'을 선택할 수 있는데, 이 경우 매달 약 20만 원 내외의 지입료(번호판 사용료)를 납부한다. 상황에 따라 소멸성 권리금으로 몇백만 원을 납부해야 하는 경우도 있다.

반면 배 번호판은 완전히 다른 목적을 가진 번호판이다. 국토교통부가 택배업을 안정적으로 유지하기 위해 택배업자에게 무료로 제공하는 번호판이다. 따라서 돈을 주고 산다는 개념 자체가 애초에 성립하지 않는다. 그럼에도 일부 알선업체는 배 번호판을 명목으로 수백만 원을 요구하기도 한다. 전형적인 사기다.

주의할 것은 배 번호판으로 할 수 있는 업종이 한정적이라는 점이다. 배 번호판은 오로지 택배업만을 위해 존재한다. 택배를 그만두면 배 번호판은 회수된다. 이 번호판을 단 차량은 가구·가전 배송, 각종 마트 및 식자재 배송, B2B 납품 등 택배 외의 모든 배송 업무를 할 수 없다. 평생 택배업만 할 계획이라면 가장 부담 없이 시작할 수 있는 번호판이지만, 업종을 바꾸고 싶다면 처음부터 아·바·사·자를 선택해야 할 수도 있다.

게다가 최근 제도 변화로 인해 배 번호판은 전기 탑차와 LPG 탑차에만 신규 발급이 가능하다. 환경 정책 때문이다. 구조를 이해하지 못하고 차량부터 구매한 뒤 뒤늦게 발급 제한을 알게 되는 경우도 있으므로 주의가 필요하다.

요약하자면 이렇다. 아·바·사·자 번호판은 다양한 화물업에 활용할 수 있지만, 번호판 가격과 지입 구조 때문에 진입 비용과 구조를 꼼꼼히 따져봐야 한다. 배 번호판은 택배업에 특화된 번호판으로 초기 번호판 비용 부담이 크지 않은 대신, 택배업이라는 울타리 안에서 움직여야 한다. 택배가 적성에 잘 맞고, 쿠팡·CJ·로젠 등 택배사와의 계약을 중심으로 일을 설계한다면 배 넘버는 좋은 선택지가 될 수 있다. 반대로 장기적으로 새벽 배송 납품, 일반 화물, B2B 납품, 가전 및 가구 조립·설치 배송 등 다양한 업종으로 확장하고 싶다면, 처음부터 어떤 번호판 구조 안으로 들어갈 것인지 신중하게 고민해야 한다.

여기에 하나 더 짚고 넘어가야 할 변화가 있다. 2023년 10월 관련 법이 개정돼 배 번호판 신규 발급 기준이 달라졌다. 원칙적으로 신규 배 번호판은 전기(EV) 탑차나 LPG 탑차에만 발급하도록 못 박았다. 2023년 12월까지 유예기간을 두긴 했으나, 2024년부터는 경유(디젤) 탑차에 신규 배 번호판을 다는 것이 아예 불가능해졌다.

실제로 2024년 초중반, 이런 변화를 전혀 인지하지 못한 채 중고차 시장에서 저렴하게 나온 경유 탑차를 덜컥 구매한 뒤 우리 회사를 찾아온 분들이 여럿 있었다. "택배는 배 번호판만 있으면 된다"는 말만 믿고 중고 경유 탑차를 저렴하게 구입했지만, 정작 법이 바뀌어 일을 시작조차 할 수 없는 황당한 상황에 처한 사례가 적지 않았다. 결국 이들은 울며

아·바·사·자 vs 배 번호판 비교

구분	아·바·사·자 번호판	배 번호판
발급 방식	개인 거래(매매·임대)	국토부 무료 발급(택배업 한정)
사용 가능 업종	대부분 배송업(택배 포함)	택배업만 가능
가격	2,500~3,000만 원 / 임대시 매달 월 20만 원 내외 + 상황에 따른 소멸성 권리금 존재	0원
장점	업종 확장 자유도	초기 번호판 비용 없음
주의점	번호판 시세·지입 구조 꼼꼼히 확인	업종 변경 불가(택배 외 불가)

겨자 먹기로 비싼 비용을 들여 아·바·사·자 번호판을 따로 구하거나, 손해를 보고 차량을 전기차나 LPG차로 다시 바꿔야만 했다. 구조를 이해하지 못하고 차량부터 구매했다가 맞닥뜨리는 최악의 시나리오다.

배 번호판 신청과 허가의 대략적인 순서

1. 화물 운송종사 자격증 취득과 LPG 차량 또는 전기차량을 구입

2. 운전면허증, 화물운송자격증, 차량등록증 3가지 준비

3. 택배회사 대리점과 계약 후 3가지 서류를 대리점에 제출

4. 대리점에서 택배회사 본사로 신청에 필요한 서류 전달

5. 택배회사 본사에서 통합물류협회로 서류 발송하면서 택배용 화물자동차(배번호) 허가 신청서 제출(개인이 직접 신청은 불가)

6. 통합물류협회에서 심사 후 결격사유가 없으면 관할관청으로 허가신청 서류 발송

7. 관할관청에서 각 기사들에게 신청 안내 문자 발송

8. 구비서류 지참 후 관할관청 방문 후 신청
   * 구비서류 : 신규허가신청서, 자동차 등록증, 운전면허증, 화물운송종사자격증

9. 대리점에서 택배회사 본사로 신청에 필요한 서류 전달

10. 차량등록사업소 방문 후 배번호판 수령 및 부착, 자동차 등록증 수령

11. 관할관청으로 서류 제출해 본허가증 수령 후 대리점에 본허가증, 자동차 등록증(배) 제출

사업자등록

: 배송 창업의 공식 출발선

차량을 마련하고 번호판을 달았다면, 이제 한 사람의 '기사'가 아니라 '사업자'로 서야 한다. 모든 지입 기사는 기본적으로 개인사업자 등록을 해야 한다. 간단한 절차처럼 보이지만, 이 단계에서 선택하는 몇 가지 요소가 향후 세금, 보험, 수익 구조 전반에 영향을 미친다.

대부분의 배송 창업자는 개인사업자 형태로 시작한다. 법인을 만들어야 하는 일은 거의 없다. 개인사업자의 경우 세무 부담이 적고, 절차도 단순하다. 관할 세무서나 홈택스를 통해 등록할 수 있으며, 필요한 서류도 신분증과 임대차계약서(사무 공간이 없으면 자택 주소로도 가능) 정도다.

중요한 것은 업종 코드 선택이다. 일반적으로 '화물운송업'으로 분류되며, 일부 지입 기사는 '화물자동차 운송 주선업' 등으로 안내받기도 하는데, 계약 형태가 단순 운송인지, 주선 기능이 포함되는지에 따라 코드가 달라질 수 있으니 반드시 센터 또는 계약 담당자와 확인해야 한다.

사업자등록 시기는 투입 분야가 확실히 결정된 뒤, 자차를 구매하기 직전이 가장 좋다. 무턱대고 의욕만 앞서 너무 일찍 등록하는 것은 권하지 않는다. 투입 분야가 확정되지 않은 상태에서 사업자만 내면 수입은 전혀 없는데도 사업자로서의 세금 신고 의무를 져야 하며, 각종 행정 처리 비용과 경비 지출만 발생할 수 있기 때문이다.

그렇다고 해서 등록을 너무 늦춰서도 안 된다. 반드시 차량을 구매하기 전에 사업자 자격을 갖추어야 하는 결정적인 이유는 바로 부가세 환급 때문이다. 배송 차량을 구매할 때는 차량 가격에 약 10%의 부가세가 포함되어 있는데, 구매 시점에 사업자 상태여야만 이 금액을 비용으로 인정받아 환급받을 수 있다. 수천만 원에 달하는 차량 가격을 생각하면 10%는 결코 적은 금액이 아니다. 등록 시점 하나 차이로 누군가는 수백만 원을 돌려받고, 누군가는 생돈을 날리게 되는 셈이다.

요약하자면, 사업자등록은 내 일자리가 확실히 정해진 후 차량 계약서를 쓰기 바로 직전에 진행하는 것이 가장 전략적이고 경제적인 선택이다.

이 단계에서 한 가지 더 중요한 것이 있다. 사업자등록을 한다는 것은 이제부터 모든 비용과 수익이 사업 운영의 결과로 기록된다는 뜻이다. 유류비, 장비 구입비, 수리비, 통신비 등이 모두 비용 처리 대상이 되고, 실수익 구조가 명확해진다. 즉, 사업자등록은 단순한 행정 절차가 아니라 본격적인 운송 사업자의 첫 선언에 가깝다.

자차와 임대차, 나에게 맞는 선택은?

배송 창업을 결심한 예비 기사들이 가장 많이 고민하고 질문하는 대목이 바로 '차량을 사야 하는가, 빌려야 하는가'이다. 자차로 시작할지, 임대 차량을 이용할지에 따라 초기 부담과 리스크의 성격이 달라진다. 이 선택에는 정답이 없다. 다만 왜 임대 제도가 생겨났는지, 그리고 어떤 역할을 해왔는지를 이해하면 판단은 훨씬 쉬워진다.

임대 제도는 왜 생겨났는가?

원래 택배 업계의 원칙은 개인사업자가 직접 차량과 번호판을 마련하는 '자차 배송'이다. 하지만 5년 전 쿠팡 생수 배송이 처음 출시되었을 때 상황은 급박했다. 뛰어난 조건 덕분에 지원자는 몰렸지만, 수천만 원에 달하는 차량 구매 비용을 즉시 마련할 수 있는 사람은 많지 않았다. 특히 당시 쿠팡 생수 배송은 아바사자 영업용 번호판을 달아야 했는데, 이 영업용 번호판을 구하는 것이 하늘의 별 따기였고 비용 또한 만만치 않았다. 이러한 진입 장벽을 낮추기 위해 도입된 것이 바로 임대 제도다. 일각에서는 임대 제도를 폄혜하기도 하지만, 이는 엄연히 배송기사들이 창업 진입 장벽을 낮추기 위해 마련된 시스템이다. 업계 최초로 임대 제도를 도입한 배송인그룹의 임대 모델은 업계에서 가장 안정적인 것으로 평가받으며 창업자들로부터 많은 선택을 받고 있다.

임대 차량이 가지는 확실한 강점은 다음과 같다.

첫째, 신용 상태와 무관하게 즉시 시작할 수 있다. 임대 차량은 회사 명의로 제공되기 때문에 개인 신용도가 낮아 차량 할부가 어려운 이들도 아무런 제약 없이 일을 시작할 수 있다.

둘째, 초기 투자 비용의 획기적인 절감이다. 자차를 마련하려면 차량 구입비는 물론이고 번호판 권리금 등에 거액이 들어간다. 특히 영업용 번호판 권리금(약 300~500만 원)은 회수가 불량한 소멸성 지출이 되는 경우가 많은데, 임대를 선택하면 회사에서 이를 지원해 초기 부담을 제로에 가깝게 줄일 수 있다.

셋째, 신속성이다. 차량을 물색하고 등록하는 행정 절차와 영업용 넘버가 달리길 기다릴 필요 없이 임대를 통해 즉시 현장에 투입되어 빠르게 수익을 창출할 수 있다.

자차 vs 임대

물론 자차로 시작하는 것과 임대로 시작하는 것에는 각각의 장단점이 있다. 자차는 초기 비용이 들지만 유지비가 적고, 임대는 초기 비용이 없지만 월 고정 지출이 발생한다. 자차 배송의 경우 배 번호판이 가능한 센터라면 중고차를 저렴하게 구입해 비용을 낮출 수 있다. 그래서 기본적으로 여유가 있다면 자차를 추천한다. 다만 배 번호판이 아닌 아바사자 영업용 번호판을 사용할 경우 월 지입료(운영 관리료)가 약 20~22만 원 발생한다. 초기 자본 여력이 있다면 장기적으로는 가장 수익률이 높은 방식이다.

임대의 경우 평균 월 40~60만 원 정도의 임대료가 발생한다. 일종의 '차량 월세' 개념으로 이해하면 쉽다. 목돈을 묶어두지 않고 배송 수익 안에서 비용을 처리하고 싶은 경우 유리하다.

정리하면 이렇다.

자차

√ 차량을 자산으로 남길 수 있다.

√ 임대료가 없어 장기 비용 부담이 적다.

√ 조건이 맞으면 안정적인 운영이 가능하다.

임대

√ 초기 자본 부담 없이 진입 가능하다.

√ 개인 신용 상태와 무관하게 시작 가능하다.

√ 준비 기간이 짧아 즉시 현장 투입 가능하다.

자차 vs 임대차 한눈에 비교

구분	자차	임대차
기본 개념	개인 명의 차량으로 배송	회사 명의 차량을 임대해 배송
초기 비용	차량 구매비 + (분야에 따라) 번호판 비용 필요	초기 비용 거의 없음
번호판 조건	택배업은 배 번호판 가능 (EV, LPG 탑차) 아·바·사·자 번호판 필요 시 부담 큼	아·바·사·자 번호판 비용 부담 없이 시작 가능
월 고정비	유류비 및 유지비 중심	유류비 및 차량 임대료 고정 발생
신용 영향	개인 신용도 영향 있음	개인 신용과 무관
진입 속도	차량·번호판 준비 기간 필요	즉시 투입 가능
장기 비용 구조	시간이 갈수록 비용 부담 감소	장기적으로 누적 비용 증가
자산 잔존 여부	차량 자산으로 남음	자산으로 남지 않음
적합한 경우	자본 여력 있음 / 장기 운영 계획	자본·신용 부담 큼 / 빠른 진입 필요
유의 사항	초기 투자 회수 기간 고려	과도한 임대료· 단가 인하 여부 확인

주의해야 할 시장의 함정

임대 제도의 인기가 높아지자 최근 일부 업체에서 이를 악용하는 사례가 적발되고 있어 주의가 필요하다. 정상적인 임대라면 배송 단가는 자차와 동일해야 한다. 하지만 임대 차량을 제공한다는 빌미로 배송 단가를 낮게 책정하거나, 상식 밖의 과도한 임대료를 요구하는 경우, 혹은 임대료를 수개월 치 선불로 요구하는 업체는 경계해야 한다. 임대는 창업을 돕는 도구여야지 수익을 가로채는 수단이 되어서는 안 된다.

현재 상황에 집중하라

결국 선택의 기준은 '현금 동원 능력'과 '신용'이다. 당장 수천만 원의 할부를 끊는 것이 부담스럽거나 신용상의 제약이 있다면 임대 제도로 시작해 빠르게 현금 흐름을 만드는 것이 전략적이다. 반면, 여유 자금이 있고 장기적으로 비용을 최소화하고 싶다면 자차 배송이 유리하다.

어떤 선택을 하든 중요한 것은 본인의 상황을 객관적으로 파악하는 것이다.

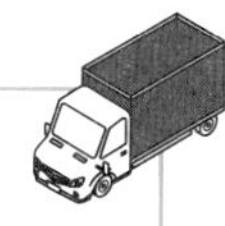

　배송인그룹은 창업자 각각이 처한 환경에 맞춰 자차와 임대 중 가장 효율적인 경로를 제안하고 있으며, 특히 임대 사용 시 발생할 수 있는 불공정 거래로부터 창업자를 철저히 보호하고 있다.

리스크 제로로
시작하기

나에게 맞는 배송사업 찾기
자본과 체력의 한계를 넘어서는 창업 전략

자본이 없어서, 혹은 체력이 약해서

시작조차 망설이는 이들에게

배송업이 제시하는 다양한 선택지를 제안하고자 한다.

각자의 상황에 맞춰 리스크를 분산하고

수익을 극대화할 수 있는 전략적 접근은 무엇일까?

남들이 가는 길을 맹목적으로 따르기보다,

자신의 현실을 냉정하게 분석해

지속 가능한 수익 구조를 만들어가기는

지혜로운 선택의 기준을 함께 정립해 보자.

배송업에도
취향과 적성이 있다

배송 창업자를 상대로 상담하다 보면 종종 이런 말을 듣는다.

"배송이면 그냥 다 비슷하지 않나요? 물건 받아서 제자리에 가져다 놓으면 되는 거잖아요."

밖에서 볼 때 배송업은 커다란 하나의 직업군처럼 보인다. 그러나 실제로 안으로 들어가 보면 다양한 종류의 일들이 겹겹이 펼쳐져 있다.

그래서 배송기사의 하루는 제각각이다. 어떤 사람은 똑같은 물건을 하루 수백 번 정해진 루트를 따라 나르고, 어떤 사람은 큰 가구나 가전을 싣고 하루 서너 군데 방문해 조립 설치 작업을 한다. 또 다른 이는 하루

종일 5톤 트럭을 몰며 장거리 운전을 한다. 새벽 배송, 생수 배송, 가구 조립, 기업 물류까지, 같은 '배송업'이라는 이름 아래 놓여 있지만 실제로는 전혀 다른 직업에 가깝다. 그래서 어떤 일을 하느냐에 따라 요구되는 체력과 성격, 성향 등이 제각각이다.

물론 배송업을 선택할 때 가장 많이 고려해야 할 요소는 체력이지만, 실제로 고려해야 할 요소는 체력만이 아니다. 누군가는 혼자 움직이는 시간이 길수록 집중이 잘 되고, 반대로 누군가는 짧게라도 고객과 마주치는 순간에 오히려 긴장이 풀린다. 일정한 루틴이 편안한 사람이 있는가 하면, 매일 새로운 장소에서 새로운 사람을 만나는 일이 더 잘 맞는 사람도 있다. 운전을 좋아하는 이에게는 자동차가 작은 사무실처럼 느껴지지만, 어떤 이에게는 그 고요가 오히려 지루하게 느껴지기도 한다.

그런 점에서 배송업에 발을 들일 때 어떤 길을 선택할지 충분히 숙고해야 한다. 첫 단추를 잘못 꿰면 경제적으로도 시간적으로도 큰 손실을 볼 수 있기 때문이다. 그런데 많은 배송기사들이 남의 말을 듣고 덜컥 차부터 사고 보는 실수를 저지른다.

차부터 사는 건 가장 위험한 접근

49세의 신용민(가명) 씨도 성급한 판단으로 창업 초기에 곤욕을 겪은 경우다. 쿠팡 퀵플렉스가 돈이 된다는 지인의 말을 듣고 덜컥 차부터 구입한 것이다. 그가 구입한 차량은 1톤 LPG 내장 하이탑차였다. 그런데 막상 퀵플렉스를 며칠 해보니 만만치가 않았다. 물건이 생각보다 많고 무거운 물건들도 나와 감당이 어려운데, 시간을 맞추지 못하다 보니 계속 뛰어다녀야만 했다. 배송하면서 프레시백 회수까지 하다 보니 얼마 지나지 않아 이 일이 자신에게 맞지 않다는 것을 깨달았다.

곧 쉰을 바라보는 나이에 평생 사무직을 해온 그에게는 무리였다. 고민 끝에 그는 무게가 가벼운 식자재 배송 쪽으로 방향을 틀기로 했다.

그런데 문제가 생겼다. 식자재 배송은 차량에 냉동기가 탑재되어 있어야 한다. 울며 겨자 먹기로 기존 차량을 냉동탑차로 개조하는 특장 비용을 알아보다가 그는 당황했다. 비용이 생각보다 많이 들었기 때문이다. 퀵플렉스는 도저히 못 하겠는데, 이미 차량은 사버렸으니 진퇴양난의 상황이었다.

천만다행으로 초소형화물 배송 일자리가 나서 배송 일을 계속할 수 있었다. 퀵플렉스보다 체력적으로 일이 수월해지자 매출도 가파르게 오르기 시작했다. 4개월 차엔 평균 매출 600~700만 원 정도를 올렸다. 신용민 씨는 운이 좋은 경우였지만, 만약 배송 일 자체를 포기했다면 최소 몇백만 원의 손해를 보고 차를 팔아야 했을 것이다.

고집과 현실 사이

우리 회사에는 다양한 배경을 가진 사람들이 상담을 위해 찾아온다. 첫 직장을 찾는 20대부터 퇴직한 후 인생 2막을 준비하는 50대 은퇴자, 빚을 갚기 위해 본업을 하면서 투잡으로 새벽 배송을 하는 가장에 이르기까지. 연령대도 각자가 품고 있는 사연도 제각각이다. 그만큼 원하는 것도, 필요한 것도 다 다르다.

그래서 우리 회사에서는 수천 명의 창업자를 컨설팅해온 경험을 토대로 전문 컨설턴트가 각자의 성향과 상황에 맞는 배송 분야를 평균 두 가지 이상 추천해준 후, 상담 이후 집에 돌아가 최소 하루 이상 고민하고 가족들과 대화할 시간을 갖게 한다.

특히 면담을 통해 성격과 생활 패턴을 듣고, 가족 구성과 경제 상황을 살피고, 과거에 했던 일과 지금의 고민을 차근차근 짚어본다.

대개는 "생각해 보니 그게 맞는 것 같다"며 추천을 따라주지만, 그렇지 않은 경우도 적지 않다. 돈을 빨리 벌고 싶다는 조급함에, 혹은 어딘가에서 주워들은 정보에 기대어 본인의 상황과는 거리가 먼 분야를 고집하는 경우다. 이런 선택은 대개 초반에 실패로 돌아갈 확률이 높고, 오히려 시간을 깎아 먹게 되는 경우도 있다.

막 군대를 제대한 30대 초반 정경민(가명) 씨도 그런 경우였다. 상담실에 들어서자마자 '이 친구 생수 배송하면 잘하겠는데'라는 생각이 들

정도로 건장했다. 수송부대에서 근무했던 경험이 있어서인지 트럭 운전에 대한 두려움도 없어 보였다. 아직 사회생활 경험이 없고 체력이 좋다면 생수 배송만큼 속 편한 일도 없다.

어린 나이에도 배송업에 뛰어들겠다는 의지가 기특해 나는 그에게 누나의 마음으로 생수 배송을 권했다.

"체력이 좋으니 3개월 정도만 고생하면 생수 배송으로 월 500만 원은 쉽게 벌 수 있겠는데요. 지금 또래 중에 월 700만 원 버는 사람도 꽤 많아요."

그런데 그의 입에서 의외의 말이 튀어나왔다.

"전 가구 배송하고 싶어서 왔어요. 하루에 몇 건 안 하고도 수입이 괜찮다고 하더라고요. 제가 손재주가 있어서 뭐든 잘 만들어요."

본인의 의향이 너무 확고했지만, 마음에 걸리는 게 있었다. 그는 군대라는 폐쇄적인 환경에서 이제 막 사회로 나와 대인 관계 경험이 많지 않은 상태였다. 하지만 가구 조립은 고객과의 대면 접촉이 많은 분야다. 배송 일정을 조율하기 위해 수시로 연락해야 하고, 하루에도 몇 번씩 낯선 집에 들어가 몇 시간씩 머물러야 한다. 더욱이 조립 과정 내내 고객의 시선을 온몸으로 받을 때도 있다. 일명 '일머리'가 필요한 분야다.

그래서 나는 한 번 더 생수 배송이나 개당 단가제 업무를 권했다. 하지만 그는 마음을 바꾸지 않았고, 가구 조립배송으로 업무를 시작했다.

그런데 아니나 다를까, 얼마 지나지 않아 그에게서 전화가 왔다.

"팀장님, 이게 생각보다 너무 어렵네요."

몇 마디를 더 이어가자 그의 입에서 진짜 이유가 흘러나왔다.

"조립이 익숙지 않은 건 시간 지나면 나아질 것 같은데요, 고객이 바로 옆에서 지켜보는 게 너무 불편해요. 몇 시간을 그렇게 버티는 게 …."

이 정도에서 솔직하게 말해준다면 그래도 길은 있다. 그래서 나는 그를 사람과의 대면이 적고 루틴이 단순한 새벽 배송으로 옮겨주었다. 어둑한 새벽, 정해진 루트를 따라 물건을 내리고, 혼자만의 속도로 움직일 수 있는 것이 새벽 배송의 가장 큰 장점이다. 역시나 그는 잘 적응해 열심히 일하고 있다.

이와는 정반대의 사례도 있다. 20년 넘게 다니던 회사를 조기 퇴직하고 새로운 일을 찾던 50대 남성 박성훈(가명) 씨의 이야기다. 상담을 진행해 보니 그에게서는 오랜 회사 생활의 연륜이 묻어났다. 사람을 상대하는 일을 오래 해서인지 말도 요령 있게 했고 태도도 좋았다. 가구 배송이 제격이라고 말하려던 찰나에 그가 먼저 말을 꺼냈다.

"생수 배송이 돈이 된다고 하던데요. 저 그거 할 수 있겠죠?"

우리 회사에선 50대 이상에겐 여간해서는 생수 배송을 권하지 않는다. 그만큼 생수 배송이 육체적으로 힘든 노동을 요구하기 때문이다. 젊은 사람도 나가떨어지는 극한의 노동을 평소 몸 쓰는 일을 안 해본 50대가 견뎌내긴 힘들다.

그런데 그의 얼굴에서 복잡한 표정이 읽혔다. 그제야 그가 사정을 털어놓았다. 아이들이 아직 중·고등학생이고 외벌이여서 학원비와 생활비를 감당하려면 월수입이 500만 원 이상 되어야 한다는 이야기였다.

생수 배송 수입이 높은 건 맞지만, 사무직 직원으로만 20년을 보낸 사람이 감당할 수 없다는 것을 잘 알기에 나는 그에게 다시 한번 생각해 볼 것을 권했다.

"지금 바로 생수 배송만큼 벌 수는 없어도 익숙해지면 가구 배송도 그 수준 이상까지 충분히 도달할 수 있어요. 지금 나이에 생수 배송은 정말 힘들 거예요. 체력 좋은 젊은 기사들도 중간에 포기하는 걸요."

하지만 그는 고개를 저었다.

이번에도 역시나 예상했던 대로 두 달쯤 지난 시점에 그로부터 연락이 왔다.

"팀장님, 살려주세요. 이건 아닌 것 같습니다. 도저히 못 하겠어요. 몸이 버티질 못해요. 방법이 없을까요? 팀장님 말대로 가구 배송 다시 해봤으면 좋겠어요."

그는 절대 의지가 부족한 사람이 아니었다. 오히려 강한 책임감 때문에 자신에게 맞지 않는 일을 억지로 밀어붙였던 것이다.

하지만 앞서 무턱대고 1톤 탑차를 사버렸던 신용민 씨처럼 그도 넘어야 할 산이 있었다. 생수배송을 하려고 구입한 차량은 1톤 전기탑차였는데, 가구 조립배송의 경우 배송 거리가 길어 전기탑차를 이용하긴 힘들다. 게다가 탑차가 아닌 카고(트럭)을 이용해야 했고, 영업용 번호도 택배업에만 사용할 수 있는 '배 번호판' 대신 '아·바·사·자' 번호판이 필요했다.

모든 걸 따져봤을 때, 현재 이용 중인 차는 쓸모가 없었다. 현재 차를 팔아버리고 가구 배송에 맞는 새로운 차량을 준비해야 하는 상황이었다. 박성훈 씨는 약 2주일 정도 고심하다가 결국 기존의 차를 팔고 새로운 차를 임대받아 가구 배송일을 시작했다. 다행히 이전보다 훨씬 만족하며 일하고 있지만, 초반의 실수로 몇백만 원의 손해를 봐야 했다.

같은 일을 두고도 누군가는 "나한테 딱 맞는다"고 느끼고, 또 누군가는 "이건 내 일이 아니다"라고 좌절한다. 대학 학과를 결정하는 것만큼이나 배송의 세계에서도 어떤 일을 할 것인가는 고민이 필요한 문제다.

선택의 기준은
결국 나 자신

자신의 적성과 상황을 잘 아는 사람은 누구일까? 바로 자신이다. 그런데 상담을 진행하다 보면 의외로 남의 말을 먼저 꺼내는 사람들이 많다.

"요즘은 생수가 돈이 된다던데요."

"지인이 편의점 납품을 하는데, 힘들지 않다고 하던데요."

누군가는 인터넷에서 본 글을 기준 삼고, 또 누군가는 가족이나 지인의 조언을 듣고 온다. 물론 주변의 경험담은 참고가 될 수는 있다. 하지만 그 말들이 정작 본인의 삶과 얼마나 맞닿아 있는지는 별개의 문제다. 어떤 일이 누군가에게 잘 맞았다고 해서, 그 일이 나에게도 잘 맞을 거라는 보장은 없다.

결국 자신의 성향과 기질을 가장 잘 아는 사람은 본인이다. 무엇이 힘든지, 어떤 환경에서 마음이 불편한지, 사람을 마주하는 일이 에너지를 주는지 빼앗는지. 배송업에도 MBTI가 있다.

중요한 건 이런 감각은 누구도 대신 판단해줄 수 없다는 점이다. 주변의 조언이 때로는 선택을 넓혀줄 수 있지만, 그 조언이 나이 성향과 어긋나면 첫 단추부터 비뚤어지기 마련이다. 그래서 선택의 순간에는 결국 자신의 목소리에 귀를 기울여야 한다. 일은 결국 자신의 몸과 마음으로 하는 것이기 때문이다.

선택은 온전히 본인의 몫

어느 날 40대 초반의 남성이 이모와 함께 상담실을 찾아온 적이 있었다. 20대라면 간혹 부모님이 함께 따라오기도 하지만, 40대의 남성이 부모님이나 친척을 동반하고 사무실을 찾는 경우는 드물다. 속으로 남성에게 무슨 문제가 있는 건 아닌지 궁금했지만, 내색하지 않고 상담을 이어갔다.

이모가 먼저 말을 꺼냈다.

"이 애는요, 좀 예민해서 너무 힘든 일은 못 해요. 새벽 배송이나 가구 조립처럼 조금 덜 힘든 쪽으로 부탁드려요.”

이모의 말을 들으면서 조카의 표정과 몸을 유심히 살펴보았다. 눈빛이 흔들리지 않았고, 체격도 좋았으며, 질문에 답하는 태도는 차분했다. 지극히 정상적인 성인 남성이었다. 다만, 말수가 적고 내향적이었다. 하지만 그래서 오히려 한 번 맡은 일은 끝까지 밀고 나갈 수 있는 사람이라는 인상이 강했다.

여러 질문과 답변이 오간 끝에 나는 생수 배송을 추천했다.

“이모님, 조카분은 반복적인 고강도 일을 버틸 수 있는 타입입니다. 대신 사람을 많이 상대하는 것보다는 정해진 루틴 안에서 묵묵히 할 수 있는 일이 더 맞을 거예요.”

내 말에 남성도 고개를 끄덕이며 말했다.

“힘든 건 괜찮습니다. 혼자서 하는 일이 저는 더 편합니다. 그리고 밤에 일하고 싶어요.”

조카의 의지가 완강하자 이모도 마지못해 고개를 끄덕였다.

이후 배송을 시작한 지 사흘쯤 지났을 무렵, 이모에게서 전화가 왔다. 첫마디부터 목소리가 높았다.

“조카를 죽일 셈이에요? 애가 매일 거의 죽다 살아나는 거 같아요. 왜 우리 조카만 이렇게 힘든 데로 보냈어요? 사기 친 거 아니에요?”

당시 배정된 지역은 물량이 많고 루트가 안정적이라 배송기사라면 누구나 탐낼 만한 자리였다. 심지어 택배 분야에서는 정말 독특하게 수입을 보장해주는 자리여서 '이 분 운이 좋네'라고 생각했는데, 오히려 타박을 들었다. 차분히 설명을 하려 했지만, 이모는 이미 감정이 격해진 상태였다.

"이모님, 그러지 마시고요. 조카분께 직접 한번 전화해보세요. 오늘 일은 어땠는지 본인 이야기를 들어보시는 게 좋겠습니다."

다음날 조카에게서 연락이 왔다. 예상과는 전혀 다른 말이 돌아왔다.

"팀장님, 저 잘하고 있습니다. 사실 죽을 만큼 힘들긴 한데 해볼 만합니다. 그동안 했던 다른 일보다 속 편하고 좋아요. 센터장님이 내일부터 물량을 조금 더 늘려도 될 것 같다고 하시더라고요. 이모 말 너무 신경 쓰지 마세요!"

같은 상황을 두고도 이모의 시선과 본인의 느낌은 완전히 달랐다. 이모에게는 그저 '힘들어 보이는 일'이었지만, 그에게는 오랜만에 몸을 써서 해보는 새로운 도전이었다. 이모의 걱정이 사랑에서 비롯된 것이라는 사실은 분명하지만, 그 사랑이 항상 정확한 판단으로 이어지는 것은 아니다. 부모는 때로 자신이 자식을 가장 잘 안다고 느끼지만, 오히려 타인보다 더 모를 때가 있다. 자신이 원하는 것을 자식에게 투영하고 그것이 정답이라고 믿는 오류가 오히려 자식의 인생을 더 꼬이게 할 수도 있다.

나중에 그에게서 이런 말을 들었다. 그날 상담 자리에서 용기를 내 자신의 뜻을 말하지 않았다면, 아마 또 남들이 정해준 선택을 따라갔을 거라고. 힘들지 않은 일을 택한 게 아니라, 자신이 감당할 수 있는 방식의 힘듦을 선택했기 때문에 버틸 수 있었다는 이야기였다. 남들 눈에는 고된 일이었지만, 그는 오히려 마음이 편해졌다고 했다. 결국 그를 여기까지 데려온 건 누군가의 조언이 아니라, 그 순간 자신의 목소리를 외면하지 않았다는 사실이었다.

체력이 약해도,
길치여도 괜찮아

배송업은 남자만 할 수 있는 일일까. 체력이 약하면? 길을 잘 못 찾거나 나이가 많다면 애초에 선택지에서 지워야 하는 걸까? 배송업을 고민하는 사람들이 가장 먼저 던지는 질문이다. 자신의 조건이 이 일과 맞지 않을 거라는 막연한 판단 때문이다.

하지만 배송 현장을 조금만 자세히 들여다보면 건장한 남성만 할 수 있는 업종은 아니라는 사실을 알게 된다. 30대 육아맘부터 60대 초반 은퇴자까지, 길 찾는 게 서툰 사람부터 체력에 자신 없는 사람까지, 이들은 자신의 조건을 약점으로 밀어내기보다 그 조건에 맞는 배송 일을 선택해서 들어온다. 우리가 떠올리는 이미지보다 배송업의 스펙트럼은 훨씬 넓다. 배송업은 하나의 일이 아니라 여러 갈래의 일로 나뉘어 있고, 그 갈래마다 요구하는 조건이 다르다. 그런데도 많은 사람들이 '가장 힘든 배송'을 떠올린 뒤 거기에 자신을 대입해 지레 포기한다.

30대 육아맘의 도전

여성 배송기사에 대한 인식도 마찬가지다. 불과 몇 년 전만 해도 여성 배송기사는 낯선 단어였다. 물론 지금도 현장의 절대다수는 남성이다. 하지만 그렇다고 해서 여성이 설 자리가 없는 건 아니다. 오히려 육아와 병행해야 하는 여성들에게 배송은 기존 일자리보다 현실적인 선택지가 될 수 있다. 내가 만난 송민아(가명) 씨가 그랬다.

그녀는 새벽 배송을 시작한 지 6개월 차인 30대 육아맘이다. 수도권에서 살다가 결혼 후 남편의 직장을 따라 지방으로 내려왔고, 아이를 낳아 키우며 자연스럽게 경력이 끊겼다. 아이가 크면서 맞벌이의 필요성은 커졌지만, 지방에서 경력단절 여성이 선택할 수 있는 일은 많지 않았다. 낯선 타지에서 부모님의 도움 없이 아이를 돌봐야 하는 육아맘에게 낮 시간대 근무는 언감생심이었다.

송민아 씨가 새벽 배송을 선택한 이유는 아이들이 자는 시간에 일을 할 수 있다는 점이었다. 물론 현실은 만만치 않았다. 한 달쯤 지난 뒤 휴일에 송민아 씨가 회사에 찾아왔다. 한눈에 보기에도 처음 사무실에 찾아왔을 때보다 살이 쏙 빠져 있었다.

"계단을 오르내리다 보니 요즘 무릎이 너무 아파요."

배송기사들이 겪는 첫 번째 고비 앞에 송민아 씨도 서 있었다.

"팀장님, 제가 너무 쉽게 생각했던 것 같아요. 몸이 힘든 것도 죽겠는데, 루트가 계속 바뀌니까 적응이 잘 안 돼요."

새벽 배송이나 생수 배송은 택배배송과는 다르게 초반 3~4개월 동안 반고정 루트를 맡는 경우가 많다. 노선이 바뀌면 동선도 달라진다. 며칠 익숙해질 만하면 다시 처음부터 시작하는 느낌이 들 수밖에 없다. 초보자에게는 체력만큼이나 노선 변경이 부담으로 다가온다.

나는 그녀에게 당장 판단을 내리지 말고, 3개월만 버텨보자고 독려했다. 일에 대한 의지, 일을 대하는 태도가 좋았기에 첫 고비만 넘기면 잘 정착할 수 있을 거라는 믿음이 있었기 때문이다.

"너무 잘하고 계세요. 그런데 지금 포기하면 너무 아깝잖아요. 아마 곧 고정 루트를 배정받을 거고, 그러면 훨씬 나아질 거예요."

다행히 3개월 차에 접어들 무렵, 그녀는 고정 루트를 배정받았고 6개월이 지난 지금은 월 400만 원 이상의 순수입을 올리고 있다. 다시 그녀를 만났을 때 가장 먼저 달라진 건 그녀의 얼굴이었다. 얼굴이 환해져 있었고, 표정에서도 자신감이 보였다.

"팀장님, 그때 저를 말려주셔서 감사해요. 점점 자신감이 붙어요. 이제 아이 학원 하나쯤은 더 보내줄 수 있을 것 같아요."

이렇게 말하며 그녀는 환하게 웃었다. 배송이 그녀에게 준 건 경제적 여유만은 아니다. 엄마로서 아이를 책임질 수 있다는 자신감, 그리고 누군가에게 기대지 않고 스스로 설 수 있다는 확신이었다.

현장에서 만난 여성 배송기사들을 보면 공통점이 있다. 이들은 이 일을 '여자라서 못 하는 일'로 받아들이지 않는다. 대신 자신의 조건 안에서 가능한 방식으로 이 일을 재구성한다. 힘든 날이 없는 것은 아니다. 비 오는 날은 여전히 버겁고, 몸이 따라주지 않는 날도 있다. 하지만 그 힘듦이 곧바로 포기로 이어지지는 않는다. 왜 이 일을 선택했는지 스스로 잘 알고 있기 때문이다. 아이를 키우면서도 일을 놓지 않기 위해, 생활을 유지하기 위해, 그리고 스스로의 자리를 지키기 위해 선택한 일이라는 사실이 그들을 현장으로 돌아오게 만든다.

송민아 씨의 이야기는 '여성도 배송을 할 수 있다'는 것을 보여주는 단순한 사례가 아니다. 오히려 배송업이 얼마나 다양한 삶의 조건을 받아들일 수 있는지 보여준다. 이 일은 물건을 나르는 일을 넘어 누군가에게는 엄마로서의 역할과 경제적 자립을 동시에 가능하게 하는 통로가 되기도 한다. 열심히 벌겠다는 마음이 있고, 그 마음을 버티게 할 이유가 분명하다면, 배송업은 충분히 하나의 선택지가 될 수 있기 때문이다.

길치도 마찬가지다. 사실 길치가 아니어도 길을 찾는 게 힘들다는 초보 기사들이 많다. 특히 아파트 단지는 초반에 가장 큰 벽이 된다. 단지가 작으면 괜찮지만, 규모가 큰 단지는 주민들만 아는 규칙처럼 구조가 복잡하게 느껴진다. 동의 위치를 찾는 데 시간이 걸리고, 건물 내부의 구조가 낯설면 엘리베이터를 찾기 위해서도 헤매게 된다.

길치는 배송업 자체가 불가능할까? 전혀 그렇지 않다. 배송업은 '택배'만을 의미하지 않는다. 하루에 수백 곳을 도는 일도 있지만, 하루에 정해진 몇 군데만 가면 되는 일도 있다. 동선이 단순한 업종을 선택하면 길치의 약점은 크게 드러나지 않는다. 납품 배송, 간선 차량 운행처럼 정해진 곳으로 정기적으로 납품하는 일은 초보자에게 특히 안정적이다.

50대, 지금 시작해도 늦지 않다

마찬가지로 배송 현장에는 30~40대만 있는 것은 아니다. 60대 이상도 적지 않다. 그들 중 상당수는 은퇴 이후의 삶을 고민하다 이쪽으로 들어온다. 다만 이들이 일하는 방식은 젊은 사람들의 방식과 다르다. 욕심 내서 물량을 최대치로 끌어안지 않는다. 몸이 감당할 수 있는 선을 먼저

정하고, 그 선을 넘지 않도록 스스로 조절한다. 물량이 많은 루트가 배정되면 담당자와 상의해 물량이 적은 곳으로 바꾸기도 한다. 그렇게 일하면서도 만족하는 사람들이 많다. 젊은 사람들처럼 큰돈을 벌겠다는 욕심만 내려놓으면, 배송으로 월 300~400만 원의 안정적인 수입을 올리며 은퇴 이후에도 충분히 윤택하게 살 수 있다.

실제로 나는 아버지에게 은퇴 후 배송을 권한 적이 있다. 퇴직금으로 치킨집을 차리는 것보다 차라리 5톤 화물 배송이 낫다고 생각하기 때문이다. 5톤 이상 화물의 경우 일반 택배와 달리 힘을 많이 쓰지 않아도 된다. 운전만 안정적으로 할 수 있다면 비교적 단순한 구조로 일을 설계할 수 있다. 물론 모든 사람이 같은 방식으로 일할 수는 없다. 하지만 적어도 '퇴직 후에도 일할 길'이 있다는 점에서 배송은 현명한 선택지가 될 수 있다.

얼마 전 57세의 남성분이 멤버십 계약서에 사인을 했다. 22년 동안 노점상을 해온 분이었다. 그는 말을 아끼다가 조용히 한마디를 꺼냈다.

"단속반이 뜨면 도망 다니고, 걸리면 벌금 내고…, 이제 그런 식으로는 못 살겠더라고요."

그는 늘 불안정한 하루를 살아왔다고 했다. 돈을 벌어도 마음이 늘 불편했던 것이다.

그와 마찬가지로 건설 현장에서 몸을 갈아 넣었던 사람들도, 불안정한 자영업에 지칠 대로 지친 사람들도, 결국 '안정적인 구조에서 일하고 싶다'는 생각으로 배송업에 뛰어든다.

17세기 스페인의 사상가 발타자르 그라시안은 "자신의 한계를 아는 사람은 이미 절반을 이긴 것이다"라고 말했다. 배송 현장에서 이 말은 그대로 작동한다. 오래 일하는 사람들은 자신의 약점을 숨기지 않는다. 그 조건을 기준으로 방식을 바꾼다. 체력이 약하면 강도를 조절하고, 길이 부담되면 동선이 단순한 일을 선택하고, 나이가 있다면 욕심을 줄여 일을 설계한다. 한계를 안다는 건 멈추라는 말이 아니라, 무리하지 않는 방식으로 계속하라는 뜻이다.

배송업이 많은 사람들에게 열려 있는 이유는 사람의 조건을 하나로 묶어 단정하지 않기 때문이다. 자신의 상황에 맞게 설계한 후 출발할 수 있다는 점이 배송업이 가진 진짜 장점이다. 그리고 이 장점이야말로 다양한 사람들이 이 길로 들어오는 이유다.

포기하지 않으면
길은 있다

　배송 창업을 시작하면 반드시 한 번은 '이게 맞나'라는 질문과 마주하게 된다. 충분히 고민했고, 적성과 상황도 꼼꼼히 따져봤고, 주변의 조언도 들었는데 막상 현장에 서면 머릿속 계산은 무력해진다. 체력은 생각보다 빨리 소진되고, 시간은 늘 부족하며, 수입은 아직 안정적이지 않다. 머릿속으로 그렸던 청사진과 현실 사이의 간극 앞에서 사람들은 주저앉는다. 이때 사람들은 자신의 선택을 의심한다. 그러나 이 지점은 실패의 전조가 아니다. 적응의 초입일 뿐이다.

　앞서 여러 루트매니저들의 사례에서도 공통적으로 드러났듯이 첫 번째 고비는 대개 1개월에서 3개월 사이에 찾아온다. 익숙하지 않은 일, 몸과 마음이 동시에 따라주지 않는 시기다. 이건 배송업만의 이야기가 아니다. 회사에 입사한 신입사원에게 선배들이 흔히 하는 말이 있다.

"3개월만 버텨 봐."

스타트업의 세계에서는 이 구간을 '데스밸리(Death Valley)'라고 부른다. 비용은 계속 나가는데 성과는 눈에 띄지 않는 시기, 대부분의 창업자들이 방향을 틀거나 포기하는 구간이다. 실제로 스타트업의 90%가 이 골짜기를 넘기지 못한다. 그런데 그 계곡을 통과한 사람만이 다음 풍경을 본다. 결국 기회는 언제나 끝까지 남아 있는 사람의 몫이다.

몇 년 전 한 모임 자리에서 의사와 동석한 적이 있다. 그날 그가 이런 말을 했다.

"환자가 포기하지 않으면 의사는 절대 환자를 포기하지 않습니다."

이 말이 이상하리만큼 내 마음에 오래 남았다. 그리고 배송 현장에서 수없이 확인했다. 일이 힘들어서 무너지는 경우보다, '나는 안 될 것 같다'는 생각이 들어 무너지는 경우가 훨씬 많다는 사실을. 아무리 흔들리고, 길이 없는 것처럼 보여도, 본인이 포기하지 않으면 나도 그들을 절대 포기하지 않는다. 어떻게든 길을 찾아준다. 그것이 우리가 하는 일이다.

"팀장님, 저 살았어요!"

한 달 만에 다시 만난 루트매니저 한 명이 나를 보며 반색했다. 불과 몇 주 전까지만 해도 그는 이 일을 계속해야 할지, 아니면 여기서 멈춰야 할지 갈림길에 서 있던 사람이었다.

그가 배송업에 발을 들인 건 50대 후반에 접어들어서였다. 나이를 고려해 선택한 일은 반가구 조립 배송이었다. 체력이 약하지만 손재주가 있다고 생각하는 50대 후반에게 진입 장벽이 낮은 분야다. 하지만 현실은 달랐다. 배송 초반에 사고가 있었고, 작업 속도가 느리다는 이유로 컴플레인이 들어오기 시작했다. 가구 조립은 단순히 힘만 쓰는 일이 아니라 손의 감각과 숙련이 필요한 영역이다.

배송을 시작한 지 한 달 반쯤 지나, 그는 결국 나를 찾아왔다.

"노력하면 될 줄 알았는데, 쉽지 않네요. 역시 나이를 못 속이겠어요. 그만둬야겠죠?"

나는 그에게 물었다.

"이 일이 싫으세요? 아니면, 지금 방식이 힘드신 거예요?"

"이 일이 싫은 건 아니에요. 돈도 벌어야 하고요. 근데 제가 잘 할 수 있는 분야가 아닌가 봐요."

그렇다면 선택지는 남아 있었다. 사람을 상대할 일이 거의 없고, 업무 대부분이 운전인 14톤 간선 배송이다. 문제는 차량이었다. 1톤 차량도 버겁게 마련한 상황에서 그에게 중톤은 부담스러울 수밖에 없었다. 하지만 그의 의지는 분명했고, 우리는 임대 방식이라는 다른 길을 함께 찾았다.

"간선 배차는 95% 이상이 운전이에요. 운전 싫어하시진 않죠?"

"그럼요. 맡겨만 주세요."

그는 그제야 안도의 한숨을 내쉬었다. 그리고 한 달 뒤, 다시 만났을 때 그는 처음 보는 환한 웃음을 지어 보였다.

"팀장님, 저 살았어요."

곧 죽을 것 같다고 말하던 배송기사가 몇 달 후 감사의 인사를 전해줄 때, 나는 설명할 수 없는 보람과 자부심을 느낀다. 스스로 포기하지만 않으면 나는 절대 배송기사를 포기하지 않는다.

물러설 곳 없는 이들을 위한
마지막 선택지

배송 현장에서 만나는 사람들의 사정은 제각각이지만, 한 가지 공통점이 있다. 대부분은 절박한 상황에서 이 일을 시작한다는 점이다. 배송 창업을 고민하는 사람들 가운데 처음부터 이 일을 '기회'로 받아들이는 경우는 드물다. 대부분은 다른 선택지를 먼저 검토하고, 그 선택지들이 하나씩 닫힌 뒤에야 이 문 앞에서 서성이게 된다. 직장을 잃거나, 자영업이 무너지거나, 더는 지금의 수입으로 가정을 유지할 수 없다는 절박한 사실을 인정하게 되었을 때다.

다섯 아이를 둔 한 40대 부부도 그런 경우였다. 경상북도의 한 시골

작은 마을에 거주 중이던 부부는 다섯 아이를 키우며 간신히 살아가고 있었다. 남편은 아버지로부터 물려받은 감농사를 지었고, 아내는 식당에서 일하며 일곱 식구의 생계를 꾸렸다. 하지만 감농사는 예상과 달리 매년 손해만 남겼고, 아내마저 실직으로 수입이 끊겼다. 맞벌이한 돈으로 빠듯하게 5남매를 부양해야 했기에 그동안 모아둔 돈도 없었다.

살길이 막막했던 부부는 마지막 선택지로 배송업에 도전해보기로 했다. 그러나 그마저도 쉽지 않았다. 자차를 마련할 돈이 없었고, 이미 다른 회사에서 초기 수수료를 요구받은 상태였다. 그러다 마지막으로 우리 회사를 찾아왔다. 다행히 남편은 목공과 조립에 취미가 있었고, 카플렉스 경험도 있었다. 반가구 조립 배송은 부부가 함께하기에 가장 현실적인 선택이었다.

문제는 지역이었다. 인구가 적은 지방에서는 아무리 열심히 움직여도 일곱 식구의 생활비를 감당할 수 있는 물량이 나오지 않는다. 그래서 나는 부부에게 수도권 이주를 권했다. 그 순간 아내의 표정이 굳어졌다.

"저희가 돈이 너무 없어요. 지금 집을 팔아도 서울 월세 보증금도 안 될 것 같은데…."

부부는 깊은 고민 끝에 결단을 내렸다. 당분간 아이들을 떼어놓고 부부만 숙식을 해결할 수 있는 숙소를 마련해 올라오기로 한 것이다. 하지만 다섯 아이를 데려올 수 없다는 현실이 두 부부를 짓눌렀다.

당시 부부가 어떤 상황이었는지는 아내가 올린 후기에 절절하게 나타나 있다.

서울에서 집으로 내려가는 동안 고민하고 또 고민했어요. 루트매니저 계약을 하고 바로 다음 주 월요일부터 일을 시작하기로 했는데, 아이들에게 어떻게 설명할지가 문제였어요. 아이들에게 말했죠. "아빠 엄마는 우리 가족을 위해 돈 많이 벌 수 있는 일을 할 거야. 당장 다음 주부터 일을 시작해야 해. 우리가 함께 살기 위해서야. 그러기 위해 당장은 떨어져 살아야 해. 나중에 살 집이 마련되면 바로 데려올 거야. 그러니 너희끼리 싸우지 말고 서로 도와가면서 생활해야 해."
이렇게 말했더니 첫째가 울기 시작했습니다. 얼마나 부담이 됐겠어요. 동생 4명을 돌봐야 하고 집안일까지 해야 하니 부담스러웠을 거예요. 막내도 따라 울더군요. "이제 밥은 누가 주냐고"요.

이 후기를 읽고 울지 않을 사람이 세상에 어디 있겠는가. 어린 자식들을 떼어놓고 아는 사람도 없는 낯선 타지에서 익숙지 않은 일을 해야 하는 부모의 심정이 어땠겠는가. 부부는 누구보다 절박했고, 그래서 누구보다 열심히 일했다.

물론 중간에 위기도 있었다. 반가구 조립 배송을 시작한 지 이틀 만에 아내가 다시 전화를 걸어왔다.

"팀장님, 이대로는 돈을 못 벌 것 같아요. 다른 배송으로 옮기고 싶어요."

"아니 왜요? 잘하고 계시다고 들었는데, 무슨 문제라도 생겼나요?"

"아니, 그게…, 가구 조립 배송으로는 돈 벌기 힘들다고 하더라구요?"

"누가요?"

"여기 현장 배송기사님들이요. 돈 안 되니까 괜히 고생하지 말고 다른 데 가라고 하시네요."

현장의 근거 없는 정보가 이제 막 일을 시작하려던 부부에게 절망을 안겼다. 배송업계에서 흔하게 일어나는 현상 중 하나는 현장 정보의 왜곡이다. 실제 수입과 조건은 따로 있는데, 기존 기사들이 신입들에게 비관적인 이야기만 반복한다. 왜일까? 진심으로 걱정해서 한 말일까? 아니면 자신의 영역이 침해받는 걸 원치 않았을까? 답은 뻔했다.

"그 말 한 분들, 가구 조립 배송기사님들이죠?"

"네."

사실 부부가 택배나 퀵플렉스로 옮기고자 했을 때 나 또한 잠시 고민했다. 그들이 옮겨달라는 대로 옮겨주면 그만이다. 하지만 더 좋은 길을 놔두고 돌아서서 가는 길을 택하는 부부를 그냥 놔둘 순 없었다.

답은 이미 나와 있었다. 나는 한 시간 넘게 전화를 붙들고 부부를 설득했다. 그들이 선택한 일은 체력 부담이 상대적으로 적고, 부부가 함께할 때 가장 높은 시너지를 내는 구조라는 것, 무엇보다 그들의 성향과 상황에 가장 적합한 일이라는 것을 몇 번이고 말했다. 다행히 부부는 그만두지 않기로 약속했다.

월 1,000만 원은 신화나 꿈만이 아니다

그리고 결과는 단 두 달 만에 숫자로 증명됐다. 자차 없이 임대로 시작한 데다 비수기였는데도 부부는 월수입 1,091만 원을 찍었다. 물론 부부가 함께 일군 수입이지만 배송업에서 월 1,000만 원은 결코 쉬운 수치가 아니다. 특히 조건이 불리할수록 더 그렇다. 그러나 그들은 포기하지 않았고, 나를 믿어주었다.

채 6개월이 되지 않아 두 부부는 그동안 모은 돈으로 작은 거처를 마련해 다섯 아이를 데려왔다. 가난 때문에 흩어졌던 가족이 다시 하나가 되었다. 누구보다 기뻤던 나는 이 가족을 위해 가장 좋은 한우 선물세트를 보냈고, 그들은 작은 축하 파티를 열었다.

남편은 내게 감사의 인사를 전했다.

"팀장님이 저희 가족을 살리셨어요."

나는 잠시 고개를 돌리고 눈물을 훔쳤다. 이 일을 시작하며 절절한 사연 하나쯤 없는 사람이 없다는 걸 알게 되었지만, 이 정도까지 감동적인 일은 실로 몇 년 만이었다.

돈은 인생의 전부가 아니다. 그러나 가난한 사람에게 돈은 가족과 자유를 되찾는 유일한 수단이 될 수 있다. 배송 창업에서 월 500만 원, 월 1,000만 원은 기적이 아니다. 다만 조건은 분명하다. 흔들리는 순간에도 포기하지 않을 것, 그리고 자기 삶의 방향을 타인의 말에 맡기지 않을 것.

어떤 길이든 처음부터 목적지가 보이지 않는다. 중간에 길을 잃기도 하고, 길이 험해 되돌아가고 싶어질 때도 있다. 그러나 끝내 포기하지 않는 사람 앞에는 결국 길이 생긴다. 그리고 그 길의 끝에는 꿈꾸던 삶이 기다리고 있다.

4장

모르면 100% 당하는 함정들
보이지 않는 적들로부터 나를 지키기

배송 창업에서 가장 큰 리스크는

힘든 일이 아니라 구조를 모른 채 시작하는 데 있다.

지입 사기, 알선 사기, 수수료 문제는 오래된 이야기지만,

여전히 같은 방식으로 반복된다.

정보는 왜 항상 늦게 전달되는지,

원청사라는 이름은 정말 안전을 보장하는지,

이 장에서는 실제 피해 사례를 중심으로

모르면 당하는 함정의 구조를 해부한다.

초보 창업자의 꿈을 앗아가는 사기의 덫

#1 _ 지금으로부터 10여 년 전 수백여 명의 평범한 가장들이 하루아침에 벼랑 끝에 몰렸다는 슬픈 소식이 언론을 통해 전해졌다. '월 천만 원 고수익 보장'이라는 달콤한 문구에 속아 화물차 지입 계약서에 서명한 이들은 유령처럼 사라진 운수회사 앞에서 망연자실해야 했다. 브로커 일당은 유령 법인을 세워 계약금 명목으로 억대의 돈을 갈취한 후 종적을 감췄으며, 이는 특정경제범죄 가중처벌 등에 관한 법률 위반으로 구속되는 대형 범죄로 막을 내렸다.

#2 _ 2015년에는 대기업 계열사를 사칭한 사기단의 행각이 언론을 통

해 보도됐다. 이들은 초보 배송 창업자들에게 안정적인 일감을 보장한다며 수억 원을 가로챘다. 대기업이라는 허위의 신뢰는 재산을 털어 넣을 만큼 강력한 미끼였다. 해당 언론사는 이처럼 대형 사건이 끊이지 않는다는 사실은 배송 및 화물 운송 창업 시장이 '개별적인 계약 문제'를 넘어선 조직적인 범죄의 온상이 되었음을 여실히 보여준다고 지적했다.

오늘도 터지는 사기, 사기, 사기

위의 사건들은 수많은 운송 창업 사기의 빙산의 일각에 불과하다. 실제로 2000년대 중반 한 언론이 3년간 일명 '화물차 지입 사기 조직과 전쟁'을 벌이며 끈질기게 추적해 전국적으로 활동한 66개 사기 조직, 200여 곳의 사기업체, 250명이 넘는 조직원의 명단을 공개하기도 했다. 이를 통해 화물 운송사업 내부에서 벌어지는 거대 사기 조직의 실상이 만천하에 적나라하게 드러났다.

그런데 문제는 이것이 과거의 이야기가 아니라 현재 진행형이라는 점이다. 사기단은 단속을 피해 상호를 바꾸고 조직원을 교체하며 끈질기게 생존해왔다. 지금도 여전히 인생의 막다른 골목에서 절박한 마음으로 배송업에 도전하는 초보 창업자를 노린 사기의 함정이 곳곳에 도사리고 있다.

창업을 꿈꾸는 이들에게 배송업은 '황금 노선'처럼 보이지만, 사실 전 재산을 노리는 수많은 덫으로 가득 찬 지뢰밭이다. 법적 책임을 물어야 마땅할 명백한 사기도 있지만, 제도적 허점 속에서 피해를 입고도 뒤늦게야 문제를 인식하는 경우도 적지 않다.

특히 초보 배송 창업자를 노린 사기 수법은 더욱 교묘해지고 있으며, 적지 않은 창업자들이 안타깝게도 사기를 당한 후에야 문제를 깨닫곤 한다. 철저한 사전 조사와 충분한 검증 없이 내려진 결정은 사업의 시작부터 회복하기 어려운 상처를 남긴다.

배송업은 겉으로 보면 단순하다. 트럭을 몰고 센터에서 물건을 픽업해 고객의 문 앞까지 전달하는 일. 그러나 이 세계는 겉으로 드러나지 않는 구조가 있다. 본사, 원청사, 알선 회사, 배송기사까지 이어지는 복잡한 생태계가 배송업의 뿌리를 이루고 있다. 이 구조를 이해하지 못한 채 창업에 뛰어들면, 노력과 땀이 모두 엉뚱한 곳으로 새어버릴 수 있다. 배송업을 준비하는 이들에게 가장 먼저 필요한 것은 이 생태계를 정확히 읽는 눈이다.

배송의 출발점은 본사다. 쿠팡, 마켓컬리, 이케아, 롯데마트, 크린토피아 같은 기업들은 방대한 물류 시스템을 갖고 있지만, 배송기사를 직접 고용하는 경우는 드물다. 본사는 전국 단위의 물량을 각 지역의 원청사로 넘기고, 원청사는 그 물량을 배송기사에게 배분한다.

그렇다면 배송기사는 어떻게 원청사를 만날 수 있을까? 바로 여기서 알선 회사가 등장한다. ○○로지스틱스, ○○통운 같은 이름을 내건 이 회사들은 배송기사를 모집해 원청사에 연결해주는 중개 역할을 한다. 차량 판매 및 임대, 계약 상담, 급여 정산까지 대행하기도 하며 배송 생태계의 한 축을 담당한다. 문제는 그 영향력이 종종 무책임한 방식으로 행사되는 구조적 위험을 내포하고 있다는 점이다.

낮은 진입 장벽과 고수익의 맹점

어느 업계나 초심자를 노리는 사기가 없진 않다. 하지만 배송업계는 그중에서도 정도가 심한 편이다. 왜 유독 배송 및 화물 운송 창업 분야에서 이토록 사기가 만연할까?

첫 번째 이유는 낮은 진입 장벽과 이로 인해 발생하는 고수익의 맹목적인 환상이다. 다른 산업에 비해 배송업은 복잡한 기술이나 대규모 설비 투자가 필요하지 않다. 화물차 구매 또는 리스 자금만 있으면 누구나 시작할 수 있다는 광고가 넘쳐난다. 이는 곧 정년퇴직을 앞둔 이들, 실직한 가장들, 혹은 당장 빚을 갚지 않으면 거리로 나앉게 생긴 사람들에게 쉽고 빠른 창업이라는 착각을 심어준다.

사기 업체들은 이러한 배송 창업 희망자들의 간절함을 철저히 이용한다. '월 순수익 1,000만 원 보장', '수익을 보장하는 안정적인 노선'과 같은 문구는 경제적 불안을 겪는 이들에게는 구원처럼 들린다. 이 비현실적인 고수익의 약속은 의심을 차단하는 일종의 심리적 방화벽 역할을 한다. 그래서 창업자들은 상식적으로 의심해야 할 계약 조건이나 과도한 초기 비용 앞에서도 '이 기회만 놓치지 않으면 성공할 수 있다'는 맹목적인 믿음에 사로잡혀 이성적인 판단을 내리지 못하게 된다.

사기 일당들은 이러한 경제적 절박함을 파고들어 계약서의 복잡한 세부 내용을 면밀하게 확인하기보다 일단 고수익의 기회를 잡으려는 심리를 극대화한다. 쉬운 시작을 약속하는 낮은 장벽은 결국 수많은 초보 창업자를 위험한 시장으로 유인하는 달콤하지만 치명적인 미끼가 되는 것이다.

"그냥 시작하면 다 된다"는 말에 사람들이 너무 쉽게 안심한다. 준비 과정이나 운영의 복잡함, 시행착오의 시간은 의도적으로 지워지고, 시작 자체가 곧 성공인 것처럼 포장된다. 많은 초보 창업자들이 경계를 풀고 계약서에 사인하는 순간은 바로 이 지점이다. 배송 창업은 시작보다 이후가 중요한데, 그 가장 중요한 이야기가 빠진 채 출발선만 강조될 때 위험은 이미 시작된다.

사기 업체에 절대적으로 유리한 '정보 비대칭'

배송 창업 시장에서 사기 행위가 끊이지 않는 두 번째 이유이자 가장 치명적인 이유는 정보의 극심한 비대칭성이다. 즉 정보를 가진 사람과 정보가 없는 사람 사이의 간극이 모든 문제의 출발점이 된다. 이 시장의 특성상, 운송을 위탁하는 회사(운수회사나 브로커)와 운전자로 나서는 창업자 사이에는 사업의 핵심 정보에 대한 접근성에서 거대한 격차가 발생한다. 이 격차가 바로 사기 조직이 창업자를 농락하는 주요 무대가 된다. 운수회사는 실제 물동량의 변동 추이, 배송 노선의 실제 수익성, 운임 지급의 정확한 기준, 그리고 차량의 시장 시세 등 사업의 성패를 좌우하는 모든 정보에 접근하기 어렵다는 점을 이용한다.

단가가 대표적이다. 본사에서 원청사로 물건을 넘기는 원단가가 거의 공개되지 않는다. 예를 들어 모 생수 배송 단가는 시장에서 대략 950원으로 형성돼 있다. 그러나 원청사는 원단가(원청사가 본사에서 받는 단가)는 공개하지 않고, 알선 회사 역시 배송기사에게 투명하게 공유하지 않는다. 그 결과, 배송기사에게 실제로 지급되는 단가는 700원, 심지어 600원까지 떨어지는 경우도 있다. 배송기사는 보통 하루 수백 개의 생수를 나르는데, 이를 월 단위로 환산해 보면 100만 원 이상 손해를 보는 셈이다.

차량도 문제다. 시세보다 1,000만 원 이상 비싼 가격에 판매하거나 임대료에 숨겨진 비용을 넣는 방식이 비일비재하다. 차량 구매 대행을 명목으로, 그리고 "이 일을 하려면 우리 회사와 차량 계약을 해야만 가능하다"는 말도 안 되는 주장으로 시장 가격보다 훨씬 비싼 가격에 차량을 강매해 폭리를 취한다.

급여 구조에도 함정이 있다. 계약 시 수수료가 없다고 해놓고 급여에서 일정 금액을 공제하는 식이다. 센터에서 지급되는 수수료 외에 다양한 명목으로 추가 비용을 떼는 회사도 있다. 성실하게 일해도 배송기사의 손에 남는 돈이 적은 이유는 이런 구조가 보이지 않게 작용하고 있기 때문이다.

사기 업체는 불균형을 조직적으로 악용한다. 예를 들어, 계약서상에는 '대형 물류센터 전속 계약'을 내세우지만, 실제로 배정되는 물량은 수익성이 매우 낮거나 불규칙한 '쓰레기 노선'인 경우도 많다.

이뿐만이 아니다. 이들은 계약해지나 위약금 조항을 일반인이 이해하기 어려운 법률 용어로 복잡하게 써두곤 피해자가 사기임을 깨닫고 계약을 파기하려 해도 막대한 위약금에 발목이 잡히도록 만든다.

이 점에서 배송업의 생태계는 예전 중고차 시장을 떠올리게 한다. 겉으로 보기엔 멀쩡한 차량이지만 실제로는 침수 이력이 숨겨져 있거나, 사고 차량임을 고의로 감춘 뒤 시세보다 훨씬 비싸게 판매하던 시절 말이다. 소비자는 차량의 실제 상태를 알 수 없었고, 정보를 가진 쪽은 그 무지를 이용해 폭리를 취했다.

결국, 창업자는 모든 것을 회사의 말에 의존해야 하는 정보의 포로가 된다. 사기 조직은 이러한 정보 독점을 기반으로 높은 수익을 약속하는 허위 정보를 유통해 창업자를 덫으로 유인하고, 일단 계약이 성사되면 막대한 비용과 함께 낮은 수익성의 현실을 떠넘긴다. 이는 단순한 사기가 아니라 창업자에게 절대로 대등한 기회를 주지 않는 구조적 기만행위다.

배송 생태계의
진짜 얼굴

사실 내가 처음 발을 들인 곳은 배송업이 아니었다. 사회 초년병 시절 나는 국내 3대 대형 증권사 중 한 곳에서 일했다. 겉으로 보기엔 누구나 부러워할 만한 직장이었고, 주변에서도 부러워했다. 그러나 그 화려함은 유리창 너머의 빛과 같았다. 아침 7시에 지점 문을 열고, 8시에 미발주 주문 처리를 시작하면 나의 하루는 기계처럼 돌아가기 시작했다. 주식 장이 열리는 9시부터 말 그대로 숨 돌릴 틈이 없이 흘러가다가, 저녁 늦게야 겨우 퇴근할 수 있었다. 바쁜 삶이 문제였던 건 아니다. 나를 흔든 건 열심히 일해도 보람이 없다는 자각이었다. 내가 없어도 세상은 아무렇지 않게 돌아간다는 사실이 너무 또렷하게 보였다.

무엇보다 나를 힘들게 했던 것은 눈앞에서 일어나는 '부의 불균형'이었다. 고객들은 몇 억, 몇 십억을 아무렇지 않게 움직였다. 공모주 청약에 억 단위을 아무렇지 않게 넣고, 자녀가 수능을 치렀다는 이유만으로 5천만 원을 선물하듯 계좌에 넣어주는 경우도 봐왔다. 그들의 계좌를 대신 관리하면서도 정작 내 삶은 늘 빠듯했다. 아무리 열심히 일해도 그들의 세계에 닿을 수 없다는 박탈감이 마음 깊은 곳에서 서늘하게 피어올랐다. 일은 지치도록 했지만, 그 일에서 '나'는 점점 더 사라지고 있었다. 회사의 부속품처럼 움직일 뿐 내가 누구인지, 무엇을 원하는지조차 흐려졌다.

그러나 지금, 나는 그때와 정반대의 자리에서 일하고 있다. 주변에서는 "왜 그런 힘든 일을 하느냐"고 묻기도 한다. 하지만 나는 지금이 더 생기 있고, 더 주체적인 삶을 살고 있다고 느끼고 있다. 무엇보다 스스로에게 자부심이 생겼다. 이 일을 하면서 나는 처음으로 내가 있어야 할 자리를 찾았고, 예전 직장에서 아무리 노력해도 채워지지 않던 공백이 이 일에서는 자연스럽게 채워졌다.

나는 이 일을 단순한 직업이라고 생각하지 않는다. 누군가의 삶을 다시 일으켜 세우는 일, 잘못된 선택을 막아주는 일, 벼랑 끝에서 돌아오게 하는 일이다. 그래서 나는 지금의 일을 감히 '사람을 살리는 일'이라고 말한다. 배송업은 위험한 세계가 아니라 올바른 길로만 들어선다면 누구든 다시 설 수 있는 기회의 세계다.

사기를 피하는 유일한 방법은 철저한 '준비'

하지만 안타깝게도 배송업계엔 이런 선의를 가지고 운영되는 회사가 많지 않다. 그래서 사기를 피하는 가장 확실한 방법은 누군가의 선의나 제도에 기대는 것이 아니라 스스로 조사하고 확인하는 과정에 있다.

일반적인 창업을 떠올려보면 답은 명확하다. 음식점을 열든, 프랜차이즈를 시작하든 대부분의 창업자는 시장 조사를 하고, 상권을 분석하고, 경쟁사의 가격과 상품을 비교하는 과정을 거친다. 배송 창업이라고 해서 그 원칙이 달라질 이유는 없다. 다만 "차량만 있으면 된다" "바로 일감이 나온다"는 말이 그 과정을 건너뛰게 만들 뿐이다.

배송 창업에서의 조사는 거창할 필요가 없다. 누가 대신 해주기를 기다릴 필요도 없다. 계약서에 적힌 문장 하나하나를 이해하려는 노력, 제시된 수익 구조가 실제로 가능한지 여러 경로로 확인해보는 태도, 같은 조건으로 먼저 시작한 사람들의 경험을 찾아보는 발품. 이 기본적인 준비만으로도 상당수의 사기는 걸러진다. 문제는 많은 초보 창업자가 이 단계를 나중으로 미룬다는 데 있다. 희망 회로를 열심히 돌려 보고 싶은 것만 보고 듣고 싶은 것만 들으려 하기 때문이다.

앞으로 이 장에서는 지입 사기, 알선 사기, 수수료 사기 등 배송 창업 시장에서 반복적으로 자행되는 다양한 사기 유형을 하나씩 하나씩 구체적으로 다룰 것이다. 각각의 사례는 모두 다른 얼굴을 하고 있지만, 교훈은 하나다. 조금만 더 알아봤다면 피할 수 있었던 경우라는 점이다.

이 장을 한 번 읽고 넘기는 것으로는 충분하지 않다. 사기의 구조와 패턴이 자연스럽게 떠오를 때까지, '이 조건은 왜 이렇게 제시됐을까'라는 질문이 자동으로 나올 때까지, 여러 번 읽고 곱씹어야 한다.

배송 창업의 길은 분명 무궁무진한 기회를 품고 있다. 그러나 그 기회는 준비된 자에게만 열린다. 배송업에 몸담고 있는 한 명의 구성원으로서 업계의 치부를 공개하는 게 마음이 편치만은 않다. 하지만 나는 배송 창업을 막다른 길에서 경제적으로 일어설 수 있는 가장 확실한 방법이라고 추천하고 있다. 그렇기에 이 책을 읽고 배송업을 시작하는 창업자가 사기를 당하기라도 한다면 나 또한 그 책임에서 자유로울 수 없다고 생각한다. 그래서 과감하게 밝히기로 했다. 다시 강조하지만, 절대 당하지 않을 자신감이 생길 때까지 이 장의 내용을 여러 차례 정독하기를 바란다.

악마의 계약,
지입 사기

배송 일자리 알선을 미끼로 차량을 강매하는 지입 사기는 배송 창업자가 가장 흔하게 당하는 사기이면서 동시에 가장 치명적인 피해를 안기는 사기다. 지입 사기가 왜 단순한 금전적 손해를 넘어 한 사람의 삶을 파괴하는 범죄로 다뤄져야 하는지, 나는 한 면접자와 나눈 대화에서 그 실체를 마주했다.

면접자의 얼굴에는 깊은 당혹감이 드리워져 있었다.

"업체에서 캐피탈 대출을 받아 배송 차량을 3,500만 원에 구매했어요."

3,500만 원. 나는 순간 숨을 멈출 수밖에 없었다. 1톤 중고 경유탑차는 아무리 비싸도 1,000만 원 내외인데, 무려 그 세 배가 넘는 금액이었다. 나는 조심스럽게 물었다.

"그 금액은 아·바·사·자 번호판까지 포함된 건가요?"

그는 고개를 저었다.

"아니요, 번호판은 따로 돈을 내고 빌렸어요. 돈이 없어서 차량은 캐피탈에서 18.9% 금리로 대출받아 구매했어요. 업체에서 캐피탈을 그 자리에서 바로 연결해주던데요."

18.9%. 살인적인 고금리였다. 이미 돌이킬 수 없는 강을 건넜지만, 그래도 확인할 내용이 하나 더 남아 있었다.

"그럼 업체에서 일은 바로 배당해 주던가요?"

순간 그의 눈빛에서 절망의 기운이 스쳤다.

"아니요, 두 달 동안 일을 시작하지 못해서 지금 상황이 너무 힘들어요. 이달 대출 이자도 못 냈어요."

이 짧은 대화 속에 지입 사기의 핵심 설계가 모두 담겨 있다. 성실하게 살고자 했던 한 가장은 실제 가치의 2배 이상 되는 가격으로 중고차를 구매했고, 살인적인 고금리 대출을 떠안았으며, 가장 절실했던 일감조차 받지 못한 채 두 달의 허송세월을 보냈다.

그렇다면 이 피해자가 입은 피해액은 과연 얼마일까? 단순히 차량만 비싸게 산 것일까? 찬찬히 계산해 보자. 우선, 차량을 3배 가까이 비싸게 사는 과정에서 2,500만 원의 손해를 입었다.

3,500만 원(차량 구매가) - 1,000만 원(실제 차량가) = 2,500만 원

그런데 여기서 끝나지 않는다. 5년간 캐피탈에 갚아야 할 이자가 무려 1,935만 원이다. 이자로만 중고 경유 탑차 두 대 가까운 값이 나오는 셈이다.

이 피해자가 입은 최종 손해액은 2,500만 원에 1,935만 원을 더한 4,435만 원이다.

총 손해액 = 2,500만 원 + 1,935만 원 = 4,435만 원

이 천문학적인 금액은 그저 시작일 뿐이다. 지입 사기의 가장 무서운 점은 바로 악마적 연쇄 작용에 있다. 이미 큰 빚이 생겼고 매달 할부금을 갚아야 하는 상황에서 그나마 숨통을 트여줄 약속된 배송 업무 투입마저 고의로 미뤄지고 있었다. 수입은 0원인데 매달 이자를 갚아야 하는 상황이다. 빚을 갚으려다 오히려 빚이 늘어나는 꼴이다. 성실하게 살고자 했던 한 사람과 그의 가정이 이처럼 지입 사기라는 악마의 계약 앞

에서 파괴될 수 있는 것이다.

차량 강매로 시작되는 3개의 덫

지입 사기는 운송업의 구조적 취약점을 이용하는 것을 넘어 피해자를 회복 불능 상태로 만드는 치밀한 단계적 설계의 구조를 가졌다. 지입 사기 업체들은 지입제(持入制)라는 특수한 계약 방식을 악용해 초보 창업자에게 고수익의 미끼를 던지고, 뒤로는 재산과 신용을 모두 갉아먹는 덫을 설치한다.

첫 번째 덫은 차량 견적서다.

"이 일은 무조건 수입이 된다."

"노선은 이미 다 짜여 있다."

"이 정도 수익이면 차 구입비는 금방 뽑는다."

이 말들이 오가는 자리에서 항상 등장하는 것이 있다. 바로 차량 견적서다. 사기 업체는 초보 창업자가 차량의 시장 가치와 영업용 번호판의 법적 지위를 알기 어렵다는 점을 악용한다. 실제 중고차 시장에서 1,000만 원 정도인 차량 가격을 두 배, 세 배 불려서 즉각적으로 폭리를 취한다.

배송 창업을 하면서 이렇게 비싼 차량을 일시불로 살 수 있는 사람은 드물다. 창업자의 입에서 "차 살 돈이 없는데요"라는 말이 나오는 순간 두 번째 덫이 시작된다. 차량 대금을 일시불로 받기 위해 사기 업자들은 창업자에게 고금리의 캐피탈 대출을 유도한다. 이 과정에서 차량 판매 대금과 중개 수수료를 모두 챙기고, 창업자에게는 수천만 원의 이자 부담을 떠넘겨 빚 폭탄을 안긴다.

주의할 것은 최근에는 교묘하게 차량 임대라고 속인 후, 실제로는 캐피탈 할부 금융을 통해 구매 계약을 체결하게 만드는 수법까지 등장했는데, 창업자는 본인이 단순히 차를 빌린 것으로 착각할 수 있지만 법적으로는 고금리 대출로 비싼 차량을 구매한 채무자가 된다. 이처럼 차량 강매와 고금리 금융 사기가 결합해 지입 사기의 가장 치명적인 덫이 완성된다.

더 놀라운 점은 이 모든 일이 상담 첫날 이뤄진다는 점이다. 사기 일당들은 마치 이 기회를 놓치면 절대 안 된다고 피해자를 몰고 간다. 정신을 차리고 보면 어느새 계약서에 도장을 찍고 수천만 원의 빚을 진 채무자가 된다.

뒤늦게 자신이 사기를 당했다는 것을 깨달았을 때 이미 늦은 경우가 대부분이다. 차량을 고가에 구매하거나 리스·할부로 묶인 순간부터 창업자는 선택의 여지를 잃는다. 수입이 기대에 못 미쳐도 쉽게 빠져나올 수 없는 진퇴양난의 상태에 놓인다. 계약 해지를 시도하면 위약금이 기다리고 있고, 차를 팔아버리려고 해도 캐피탈에 근저당이 잡혀있어 그마저도 불가능하다. 돈을 갚는다 해도 중도 수수료를 무시할 수 없다.

이미 차를 구매했으니 울며 겨자 먹기로 일을 시작해도 다른 사람들에 비해 높은 고정비를 감당해야 한다. 이렇듯 지입 사기는 사람을 한 번이 아니라 두 번, 세 번 무너뜨린다. 경제적으로, 심리적으로, 그리고 시간까지 앗아간다.

지입 사기가 반복되는 근본적인 이유는 비교의 부재다. 초보 창업자일수록 한 곳의 설명을 듣고 빠르게 결론을 내리려 한다. '여기 아니면 안 될 것 같다'는 조급함이 판단을 압도한다. 지입 사기는 특별한 사람만 당하는 일이 아니다. 오히려 성실하고, 책임감 있고, 어떻게든 버텨보려는 사람들이 더 깊이 빠져든다. 그래서 이 사기는 '무지'보다 '절박함'을 먹고 자란다.

꼭 필요한 창업 마인드

지입 사기를 피하는 방법은 의외로 복잡하지 않다. 다만 대부분의 초보 창업자가 그 단순한 원칙을 지키지 못할 뿐이다. 지입 사기는 언제나 비슷하게 시작한다. 일보다 차량이 먼저 등장하고, 갑자기 신용도를 확인하고, 결정을 서두르게 만든다. 거기에 말려들어선 안 된다.

배송 창업은 누군가에게 고용되는 취업이 아니라 명백한 사업자 진입이다. 작은 가게 하나를 열 때도 상권을 비교하고, 권리금을 따지고, 계약서를 여러 번 검토한다. 그런데도 유독 배송 창업 앞에서는 "다들 이렇게 시작한다"는 말에 기준을 낮춰버린다. 사기꾼들은 그 틈을 여지없이 알아챘다.

지입 사기를 당하지 않기 위한 첫 번째 조건은 결정을 늦추는 용기다. 오늘 계약하지 않아도 기회는 사라지지 않는다. 2026년 현재 대한민국에 배송 일은 넘쳐난다. 그러므로 오늘 계약하라는 압박이 강할수록 그 제안을 다시 의심해봐야 한다. 두 번째 조건은 비교다. 두세 곳을 비교하는 순간 비정상은 스스로 모습을 드러낸다. 마지막 조건은 문서다. 보장된다는 말이 있다면, 그 보장은 반드시 계약서 안에 문장으로 남아 있어야 한다. 말로만 존재하는 보장은 책임을 지지 않겠다는 선언과 다르지 않다.

배송 창업이 삶의 새로운 돌파구가 되기 위해서는 적어도 첫 번째 함정인 지입 사기만큼은 분명히 건너뛰어야 한다. 지입 사기는 운이 나쁘

면 당하는 사고가 아니라 구조를 이해하면 피할 수 있는 계약이기 때문
이다.

그래서 우리 회사에서는 배송 창업자에게 꼭 이 말을 한다. "딱 하루
만 더 시간을 갖고 고민해 보라"고.

친절한 얼굴의 함정,
알선 사기

배송업계에서 지입 사기만큼이나 빈번하게 일어나는 것이 바로 알선 사기다. 물론 모든 알선 업체가 사기꾼이라는 말은 아니다. 복잡한 서류 절차를 대신해주거나, 개인이 접근하기 힘든 대형 원청사와 배송 기사 사이를 매끄럽게 잇는 서비스를 제대로 수행하는 알선 기업도 분명 존재한다. 하지만 문제는 그런 곳을 찾기가 하늘의 별 따기라는 점이다. 어느새 배송업계는 서로 속고 속이는 복마전이라는 오명을 뒤집어썼다.

처음 배송 시장에 발을 들이는 사람들은 정보가 부족하다. 그래서 차라리 돈을 좀 더 주더라도 안전하게 시작하고 싶은 마음에 알선 업체의 문을 두드린다. 소중한 내 돈을 지키기 위한 보험료라 생각하고 기꺼이 수수료를 지불하는 것이다.

지입 사기가 차량이라는 실체를 가지고 거액의 대출을 일으키는 방식이라면, 알선 사기는 더 은밀하고 교모하다. 이들은 있지도 않은 '황금 노선'이나 대기업의 '전속권'을 판다며 적게는 100만 원에서 많게는 1,000만 원의 알선료를 요구한다. 배송업계에서 흔히 말하는 '권리금'이라는 이름 뒤에 숨어 평범한 가장의 마지막 비상금을 털어간다.

상담실에서 만난 피해자들의 이야기들은 하나같이 닮아 있다.
"쿠팡 생수 배송이라고 해서 소개비를 냈는데, 막상 가보니 전혀 다른 일이었어요."
"CJ라고 해서 갔는데, 이름도 처음 듣는 곳이더라고요."
"기업 물류라더니 결국 일반 택배를 하고 있습니다."
"소개비를 냈는데 업무 투입이 계속 미뤄져요."

정보의 암시장에서 거래되는 '유령 노선'의 덫
알선 사기의 핵심 수법은 '노선 권리금'이라는 가공의 가치를 만들어내는 것이다. 정상적인 배송 시장에서 일자리는 보통 돈을 주고 사는 상품이 아니다. 하지만 사기 업체들은 교묘하게 이 상식을 뒤튼다.

첫 번째 덫은 ‘희소성 마케팅’이다.
“이 노선은 대기업 전속이라 자리가 잘 안 납니다.”
“기존 기사가 사정이 생겨 급하게 나온 매물입니다.”
“이번 분양 건은 수입을 보장해 드려요.”

알선 업체들은 쿠팡, CJ대한통운, 이마트, 각종 기업 물류라는 이름을 전면에 내세운다. 해당 일자리가 마치 대단한 프리미엄이 붙은 특권인 것처럼 포장한다. 정보를 얻기 힘든 초보 창업자들은 ‘이 돈만 내면 무조건 안정적인 수입이 보장된다’는 착각에 빠져 비상식적인 알선료를 지불하게 된다.

그러나 이 소개비가 무엇을 보장하는지는 명확하지 않다. 실제로 많은 알선 업체들은 미리 확보된 자리나 독점 계약을 갖고 있지 않다. 돈을 받은 뒤에야 여러 대리점에 전화를 돌리며 “남는 자리 없느냐”고 묻는다. 결과적으로 창업자는 자신이 원했던 곳이 아니라 그 시점에 비어 있는 아무 자리에 배정된다. 처음의 약속은 자연스럽게 희미해진다.

두 번째 단계는 책임 회피형 계약이다. 그들은 돈을 받을 때는 마치 일자리를 영구적으로 보장할 것처럼 말하지만, 계약서에는 업무 소개나 컨설팅 비용으로도 명시하지도 않고 '수임료' 등으로 표기하는 경우가 상당하다.

나중에 노선이 사라지거나 약속한 물량이 나오지 않아 항의해도, "우리는 일자리를 소개해줬을 뿐, 물동량은 원청의 사정이라 책임이 없다"며 발을 뺀다. 책임을 전혀 지지 않는 것이다. 알선이라는 행위 자체는 성립했으니 사기가 아니라고 주장하는 법기술까지 부리는 것이다.

어디까지가 사기일까? 진화하는 사기 수법

그렇다면 이건 사기일까. 알선 사기의 문제는 바로 여기서부터 시작된다. 알선 업체는 대개 이렇게 말한다.

"저는 소개는 했습니다."

"일은 시작하셨잖아요."

형식적으로 보면 틀린 말이 아니다. 실제로 알선을 아예 하지 않았다면 명백한 사기겠지만, 어딘가에 투입되었다는 사실 하나만으로 법적 책임에서 자유로워진다. 제공된 서비스의 질이 형편없고, 처음 들었던 설명과 전혀 달라도 사기라고 단정하기는 어려워진다.

알선 사기가 가장 교묘한 이유가 여기에 있다. 아예 일을 안 시켜준다면 사기로 고소라도 하겠지만, 지불한 가격에 비해 형편없는 서비스를 제공하는 경우에는 법적으로 사기라 단정 짓기가 매우 애매하다. 수많은 업체가 지금 이 순간에도 대놓고 배송인들의 고혈을 빨아먹으며 배를 불릴 수 있는 이유가 여기에 있다.

알선 사기는 그래서 지입 사기와는 다른 방식으로 사람을 지치게 만든다. 대놓고 속았다고 말하기도 애매하고, 그렇다고 만족스럽지도 않다. 결국 남는 것은 '괜히 돈을 썼다'는 허탈감이다. 알선 사기는 한 번에 삶을 무너뜨리지는 않는다. 대신 판단력을 흐리게 만들고 시간을 갉아먹는다. 그리고 그 시간은 창업자에게 가장 비싼 비용이 된다.

운송 자격증을 갖추고 차량을 준비한 당신은 노동력을 제공하는 당당한 사업 파트너이지 일감을 구걸하는 처지가 아니다. 알선 사기는 당신의 '급한 마음'을 노린다. 돈으로 시간을 사서 빨리 안착하고 싶다는 그 마음이 사기꾼들에게는 가장 맛있는 먹잇감이다. 진짜 황금 노선은 돈을 주고 사는 것이 아니라, 당신이 성실하게 발품을 팔아 직접 구축하는 것이다.

숨겨진 빨대, 수수료 사기

　배송 업무를 시작하고 한 달, 첫 정산표를 받아 든 배송기사의 얼굴에는 당혹감이 가득하다. 매출표에 찍힌 금액은 분명 700만 원인데, 이것저것 떼고 통장에 꽂힌 금액은 턱없이 부족하다. 기름값과 통행료를 제외하더라도 차이가 너무 크다. 내역을 하나하나 뜯어보니 이름도 생소한 각종 수수료가 줄줄이 달려 있다. 관리비, 전산비, 운영비, 플랫폼 비용…… . 무엇을 위한 비용인지, 왜 내가 내야 하는지 누구도 명확하게 설명해주지 않는다. 이것이 바로 배송기사들의 고혈을 은밀히 짜내는 수수료 사기의 민낯이다.

수수료 사기는 지입 사기나 알선 사기처럼 한눈에 보이지 않는다. 계약도 끝났고, 차량도 준비됐고, 업무도 이미 시작됐다. 그래서 배송인들은 이 구조를 문제로 인식하지 못한 채 일을 계속한다. '수수료야 원래 내는 거 아니냐'라고 생각한다.

수년간 수수료 사기를 당한 후 배송인그룹을 찾아온 김시형(가명) 씨의 사례는 수수료 사기가 한 사람의 피땀 어린 노력을 얼마나 처참하게 착취할 수 있는지를 보여주는 전형적인 예다. 김시형 씨는 무려 6년이라는 세월 동안 한 택배사에서 묵묵히 일했다. 한 달 배송 수량만 1만 개가 넘는 베테랑이었지만, 정작 손에 쥐는 수입은 월 300만 원도 채 되지 않았다. 상식적으로 1만 개를 배송하면 최소 700~800만 원 이상의 수익이 나야 정상이다.

참다못한 김시형 씨는 해당 택배사의 본사까지 찾아가 항의했지만, 그 과정에서 참혹한 진실과 마주해야 했다. 6년간 중간에서 누군가 가로챈 금액이 자그마치 1억 원이 넘었다. 하지만 더 비극적인 것은 이미 교묘하게 설계된 계약 구조 탓에 그 큰돈을 단 1원도 돌려받지 못했다는 사실이다.

'당연함'이라는 가면을 쓴 가스라이팅

배송 창업을 준비하는 과정에서 대리점에 문의하다 보면 "수입의 일정 부분을 수수료로 지불해야 한다"는 설명을 듣게 된다. 하지만 생각해 보라. 문제는 수수료의 존재가 아니라 무엇에 대한 대가인지 설명되지 않는 데 있다. 해주는 것도 분명치 않은데 수익의 10% 이상을 지속적으로 떼어간다면 그것은 비용이 아니라 구조적 착취에 가깝다.

수수료 사기가 교묘한 이유는 김시형 씨처럼 오랜 기간 당하고 있다는 사실조차 인식하지 못하는 경우가 대부분이라는 데 있다. 특히 배송업의 종류와 구조를 잘 모른 채 '배송은 다 비슷하겠지'라는 생각으로 아무 대리점에서나 일을 시작한 경우 이 수수료 구조에 그대로 노출될 수 있다.

한때 알선 업체였던 한 회사가 어느 날 대리점 운영에 나서며 수수료 업체로 탈바꿈하는 경우도 있다. 업계에서 수수료 사기로 악명이 높은 W사가 대표적이다. 이 회사는 과거에는 알선을 통해 배송인들을 모았지만, 대리점 운영을 시작한 이후에는 자신들의 과도한 수수료를 정당화하기 위해 도리어 "처음에 돈이 나가는 알선은 무조건 사기"라며 정상적인 업체와 원청사까지 무차별적으로 비방하는 마케팅으로 덩치를 키웠다. 남을 깎아내려 성공한, 아주 비도덕적인 사례다. 그러면서 정작 자신들은 여러 가지 어려운 용어를 붙여 총수입의 최소 10% 이상을 수수료로 떼어가기 시작했다.

W사의 사례를 글로 옮기는 일은 나로서는 솔직히 부담스럽다. W사는 지금도 성업 중인 회사이고, 배송업계를 조금이라도 아는 사람이라면 어느 회사를 말하는지 충분히 짐작할 수 있기 때문이다. 그럼에도 불구하고 이 이야기를 언급하지 않을 수 없는 이유가 있다. 특정 회사를 공격하고 싶어서가 아니다. 이와 유사한 구조가 지금 이 순간에도 반복되고 있기 때문이다. 불편하더라도 누군가는 이 구조를 설명해야 한다. 배송기사가 피땀 흘려 번 돈이 실제로는 아무 위험도 부담하지 않는 누군가의 계좌로 들어가고 있는 현실을 가만히 두고 볼 수는 없어서다. 배송 창업을 고민하는 사람이라면, 최소한 이런 방식의 수수료 구조가 존재한다는 사실만큼은 알고 시작해야 한다.

일회성 소개비보다 무서운 무제한 빨대

수수료 사기가 지입 사기보다 무서운 이유는 지속성에 있다. 초기 알선비는 한 번 내면 끝이지만, 매출의 10%를 떼는 수수료 방식은 일하는 내내 기사의 통장에 빨대를 꽂는 격이다. 수입의 10%라는 숫자는 처음엔 대수롭지 않게 느껴질 수 있다. 그러나 이 돈은 알선 소개비처럼 일회성이 아니다. 그 회사에 속해 있는 동안 계속 빠져나간다.

월수입 600만 원을 기준으로 계산해 보자. 수수료 10%면 매달 60만 원이다. 1년이면 720만 원, 3년이면 2,100만 원, 5년이면 3,000만 원이다. 이 정도 금액이면 웬만한 지입 사기 피해액을 훌쩍 뛰어넘는다. 지입 사기처럼 한 번에 큰돈을 잃지는 않지만, 장기적으로 보면 피해 규모는 오히려 더 커질 수 있다. 새벽이슬 맞으며 피땀 흘려 일하는 동안, 누군가는 '관리'라는 명목 하에 편안하게 사무실에 앉아서 당신의 수익에 무임승차해 자동 수익을 올리고 있는 셈이다. 재주는 기사가 넘고 돈은 업체가 챙기는 이 구조가 과연 정상일까?

물론 배송업 전체가 이런 구조라는 이야기는 아니다. 일부이긴 하지만 원단가를 100% 투명하게 공개하는 곳도 있다. 정상적인 구조를 알기 위해서는, 스스로 많이 알아보고 공부하려는 노력이 필요하다.

대기업 이른 뒤에 숨은 하청의 하청

그렇다면 택배가 아닌 기업 물류는 안전할까. 롯데마트, 이마트, 마켓컬리, 이케아, 오뚜기 같은 이름을 보면 많은 배송기사들이 안심한다. 대기업이니 이런 사기와는 거리가 멀 것이라 생각하기 때문이다. 그러

나 현실은 다르다. 기업 물류 역시 수수료 착취 구조에서 자유롭지 않
다. 배송기사들이 모르는 사이에 '하청의 하청' 회사들이 수익 구조 중간
에 끼어들어 통행세를 받아 챙긴다.

기업 물류의 수입 구조는 보통 기본급과 인센티브로 구성된다. 예컨
대 총 수입이 700만 원으로 책정돼 있다면, 그 금액 그대로 배송인에게
지급되는 것이 정상이다. 그런데 실제 정산서를 보면 그 아래에 낯선 이
름의 회사들이 줄줄이 등장한다. 'ㅇㅇ로지스 21만 원', 'ㅇㅇ물류 33만
원'. 배송기사들은 그 회사들을 방문한 적도, 담당자를 만난 적도 없다.

왜 이런 일이 벌어질까? 자신도 모르는 사이에 하청의 하청, 그 아래
의 또 다른 하청 구조로 들어가 있기 때문이다. 원청에서 내려온 수입
이 중간 단계를 거치며 잘게 쪼개지고, 그 부담은 고스란히 현장에서
일하는 배송인에게 전가된다. 이것이 바로 수수료 사기의 또 다른 얼굴
이다.

6년간 수수료 사기를 당했던 김시형 씨는 지금 어떻게 됐을까? 인생
의 마지막이라는 각오로 부산에서 서울까지 단숨에 달려온 그를 위해
우리는 부산 지역에서 가장 안정적인 수익을 낼 수 있는 퀵플렉스 노선
을 연결했다. 동승 교육 직후 "너무 감사해서 눈물이 난다"는 그의 연락

을 받았을 때, 우리는 다시 한번 확인했다. 수수료 사기는 단순한 금전적 손실을 넘어 한 인간의 성실함을 비웃고 영혼을 파괴하는 범죄라는 사실 말이다.

더 이상 김시형 씨와 같은 피해자가 나와서는 안 된다. 그렇다면 어떻게 해야 할까? 사기를 피하기 위해 가장 필요한 것은 정산의 투명성을 요구하는 당당함이다.

첫 번째, 총액이 아닌 '요율'과 '명목'을 확인하라. '월 700만 원 보장'이라는 말 뒤에 숨은 공제 항목을 낱낱이 파헤쳐야 한다.

두 번째, '원청 단가'를 직접 확인하라. 내가 모르는 회사가 내 정산서에 이름을 올리고 있다면, 당신은 이미 하청의 하청 구조에 빠진 것이다.

마지막 세 번째는 단가제 배송에서 가장 중요한 확인 사항이다. 바로 계약 시에 개당 단가를 정확하게 확인해서 비교하는 자세다.

배송업계의 사기 행각은 날로 교묘해지고 있지만, 정당한 노동의 대가는 단 1원도 타협의 대상이 되어서는 안 된다. 꼼꼼한 정산 확인은 선택이 아니라, 당신의 가정과 노동을 지키는 최소한의 방어선이다.

- 모르는 회사 이름이 정산서에 등장하며 2중·3중으로 비용이 빠져나간다.

- 주변의 다른 기사들에 비해 공제되는 항목이 유독 많거나 요율이 높다.

- 원단가(배송 단가)나 정산 구조 공개를 '영업 비밀'이라며 회피한다.

- 수수료 체계에 대해 이의를 제기하면 배차 제한 등을 언급하며 협박조로 대응한다.

- 계약서에 수수료 요율이 명시되어 있지 않거나 '협의에 따른다'는 모호한 문구만

  있다.

- 개당 단가가 다른 곳보다 낮다.

원청사는
정말 안전할까?

　배송업계의 불투명한 생태계를 이용하는 곳이 비단 하청 업체나 악덕 대리점뿐일까? 안타깝게도 물량을 쥐고 흔드는 원청사 중에서도 배송기사의 무지를 이용해 교묘한 수익 구조를 설계하는 곳들이 존재한다.

　배송업에 어느 정도 발을 들이면, 창업자들은 자연스럽게 원청사라는 단어에 안도감을 느낀다. 대리점도 아니고, 알선도 아닌, 직접 물량을 쥐고 있는 회사. 최소한 여기만큼은 투명하고 정직할 것이라 기대한다. 실제로 대다수 원청사는 정상적으로 운영되고 있고, 배송기사들과의 상생을 고민한다. 문제는 그 신뢰를 교묘하게 이용하는 일부 원청사의 행태다. 법적으로는 사기라고 부르기 어렵지만, 결과적으로는 배송기사의 몫을 잠식하는 방식으로 작동한다는 점에서 결코 가볍게 볼 수 없다.

이들은 겉으로는 '복지'나 '지원' '상생'이라는 달콤한 단어를 내세우지만, 실제로는 배송기사가 마땅히 가져가야 할 기본 단가를 깎아 자신들의 배를 불린다. 이것은 사기라는 법적 테두리를 아슬아슬하게 피해 가면서 배송기사의 노동 가치를 우롱하는 가장 교묘한 형태의 착취다.

안개 속에 가려진 배송 단가의 진실

왜 같은 생수를 나르는데 기사마다 수입이 다를까. 왜 '열심히 하면 벌 수 있다'는 말과 실제 통장에 찍히는 숫자는 자꾸 어긋날까. 이 질문의 답은 단순하지만 쉽게 드러나지 않는다. 배송 단가는 대부분 기사에게 투명하게 공개되지 않기 때문이다.

우리가 편의점에서 물건을 살 때는 정해진 가격이 있지만, 배송업계의 단가는 유독 안개 속에 가려져 있다. 원청사가 대리점에 주는 단가, 대리점이 기사에게 주는 단가가 제각각이며, 이 과정에서 적정 단가에 대한 기준은 철저히 비밀에 부쳐진다.

이런 정보의 비대칭성은 원청사가 단가를 통제하는 강력한 무기가 된다. 특히 처음 진입하는 기사들은 차량 구매 비용이나 번호판 지입료 같은 초기 비용에 큰 부담을 느끼는데, 일부 원청사는 바로 이 공포와 부담을 공략한다. 초기 비용을 회사가 대신 부담해 주는 척하면서 실제로는 기사의 유일한 수익원인 '개당 배송 단가'를 후려치는 방식이다.

실제로 쿠팡 택배 3년 경력을 가진 베테랑 배송기사인 정인수(가명) 씨조차 이 달콤한 제안에 흔들려 한 원청사 업체를 찾아간 적이 있다. '쿠팡 생수 배송 차량·보험료·지입료 무상 지원', '초기 비용 0원'이라는 조건에 끌려 이틀간 동승 교육까지 마쳤다. 하지만 베테랑의 눈에 비친 계약서의 실체는 충격적이었다. 계약서에는 한 달에 5,000개를 배송하면 300만 원을 지급한다고 적혀 있었다. 하지만 정상적인 단가대로라면 최소 475만 원은 받아야 하는 물량이었다. '무료'라고 생색냈던 비용들이 사실은 배송 단가에서 말도 안 되게 깎어 나가고 있었던 것이다. 정상적으로 임대료와 보험료를 다 내고 일할 때보다도 매달 60~70만 원을 추가로 빼앗기는 구조였다. 다행히 정인수 씨는 그 길로 도망치듯 나와 우리 회사를 찾아왔다.

배송업계에서 직접 대리점을 운영하는 원청사 H사의 사례는 이러한 행태의 전형을 보여준다. 이들은 차량 구매가 부담스러운 초보자들이 선호하는 임대 제도를 파고들었다. 정식 임대 차량은 신용도와 상관없이 일을 시작할 수 있다는 장점이 있지만, 당연히 매달 임대료와 보험료가 발생한다.

H사는 여기서 기막힌 묘책을 낸다. '차량 임대료, 보험료, 지입료 전액 무료!'라는 파격적인 조건을 내걸었다. 초기 자본이 부족한 예비 배송인들에게는 구세주처럼 보일 법한 제안이다. 신용도도 보지 않고, 차량 비용을 전부 부담해 주니 겉으로 보기엔 이보다 더 좋은 조건은 없어 보인다.

하지만 여기에는 치명적인 함정이 숨어 있다. H사는 자선 사업가가 아니다. 그들이 무료로 지원해 준다는 임대료와 보험료는 사실 배송하는 물품(주로 생수)의 '개당 단가'에서 이미 다 깎여 있다. 배송기사 입장에선 눈에 보이는 비용이 없어진 대신, 보이지 않는 곳에서 매달 손해가 발생한다.

정상적인 단가를 받는 기사와 H사의 조건을 이용하는 기사를 비교해 보면 실체가 드러난다. H사에서 일하는 기사는 업무에 익숙해져 배송 수량을 늘리면 늘릴수록, 정상 기사와의 수익 격차가 벌어지는 구조에 갇히게 된다. 고정적인 임대료를 내는 것이 아니라 단가 자체가 낮게 책정되어 있기 때문이다.

매달 최소 50만 원의 수익 차이가 난다고 가정해 보자. 1년이면 600만 원, 2년이면 1,200만 원이다. 숙련도가 올라가서 몸이 부서져라 더 많이 배달할수록, 원청사인 H사는 앉아서 더 많은 단가 차액을 챙기게 된다. 배송 수량을 늘릴수록 손해도 함께 커지고, 열심히 일하는 배송기사일수록 더 큰 손해를 본다. 위험은 배송기사에게, 이익은 회사에 쏠리는 구조다.

더 큰 문제는 이런 교묘한 계약이 지금 이 순간에도 이뤄지고 있다는 점이다. 정인수 씨의 말에 따르면 계약을 포기하고 나오던 당시, 현장에는 10명에 가까운 예비 기사들이 모여 있었다고 한다.

"대부분은 배송 경험이 전혀 없는 초보자였어요. 다른 곳과 비교도 해 보지 않은 채 분위기에 휩쓸려 계약서를 쓰고 있더군요."

정보가 없는 신입 배송기사들에게 '원청사 직접 모집'과 '전액 무료'라는 타이틀은 거부하기 힘든 덫이 될 수밖에 없다.

안타깝게도 H사는 지금도 '전액 무료'라는 슬로건으로 배송업을 잘 모르는 사람들을 현혹하고 있다. 심지어 H사는 이 방식을 업계에서 오래

된 알선업체와 손잡고 운영한다. 배송기사가 한 명 투입될 때마다 원청사에서 알선업체로 일정 금액을 지급하는 구조다. 보통 기사 1인당 월 50만 원 정도가 3개월에서 길게는 6개월간 흘러 들어간다. 배송기사 입장에서는 '전액 무료' 조건으로 일을 시작했는데, 실제로는 자신의 낮은 단가가 원청사와 알선업체 사이의 수익원이 된다.

한 번이라도 정상적인 임대 조건과 비교해 계산기를 두드려본다면 누구나 알 수 있는 사실이지만, '당장 내 눈앞에 나가는 돈이 없다'는 착각은 이성적인 판단을 흐리게 만든다.

당장의 0원보다 무서운 미래의 마이너스

문제는 H사의 이러한 행태를 불법이라고 단정 짓고 처벌하기가 매우 어렵다는 점이다. 법적으로 보면 이는 사기가 아니라 양자 간의 합의된 계약에 해당하기 때문이다. H사는 '차량료를 받지 않겠다'는 약속을 어긴 것이 아니다. 실제로 정산서에서 임대료 항목을 0원으로 표시한다. 다만 그 비용을 기사가 받아야 할 단가에서 미리 빼버린 것뿐이다. 법은 계약서에 찍힌 낮은 단가에 서명한 당신의 손가락을 탓할 뿐 그 속에 숨겨진 교묘한 설계까지는 처벌하지 않는다.

사기꾼들은 법의 허점을 누구보다 잘 안다. 배송기사가 근로자가 아닌 개별 사업자라는 점을 악용해 이토록 정교한 단가 후려치기를 감행한다. 결국, 공짜에 눈이 멀어 덜컥 계약서에 도장을 찍는 순간, 합법적으로 자신의 고혈을 내어주는 계약의 노예가 되고 마는 것이다.

세상에 공짜는 없다. 원청사가 수백만 원짜리 차량 임대료와 보험료를 대신 내준다면, 그 돈은 반드시 어디선가 빠져나가게 되어 있다. 당장 내 주머니에서 나가는 돈이 없다고 해서 안심하면 안 된다. 당신의 통장으로 들어왔어야 할 돈이 입구에서부터 차단되고 있는 것이나 마찬가지다.

CHECK LIST **원청사의 단가 후려치기 판별법**

- '임대료·보험료·지입료 전액 무료'를 강조하면 단가를 비교해야 한다.
- 동일 품목을 배송하는 인근 대리점의 평균 단가와 비교했을 때 차이가 현저하다.
- 차량 지원을 미끼로 계약 기간을 과도하게 길게 설정하여 이탈을 방지한다.
- 정산 시 단가 산정 방식에 대해 투명한 자료 공개를 거부한다.

당신의 시작이
진짜 기회가 되려면

이쯤 읽었다면 이런 생각이 들지도 모르겠다.

'이렇게 위험한데, 도대체 배송업에 왜 도전하라는 건가?'

이 질문은 너무나 정당하다. 실제로 이 장을 읽고 배송 창업을 포기하는 사람도 있을지 모른다. 하지만 역설적으로 이 글을 읽은 당신은 이미 높은 승률의 생존 전략을 갖춘 셈이다. 지뢰가 어디에 묻혀 있는지 알고 있는 사람에게 길은 더 이상 공포의 대상이 아니다.

배송업에서 벌어지는 비극의 대다수는 '몰라서'보다는 알아보지 않아서 시작된다. 지입 사기, 알선 사기, 수수료 사기, 그리고 단가를 깎는 원청사의 행태까지, 이 모든 것은 각기 다른 얼굴을 하고 있지만, 공통된 본질을 갖고 있다. 바로 판단의 주도권을 배송기사에게서 빼앗는 구조라는 점이다.

- 지입 사기는 차량을 앞세워 미래를 저당 잡는다.
- 알선 사기는 정보의 비대칭을 이용해 시간을 빼앗는다.
- 수수료 사기는 '당연함'이라는 말로 노동의 결실을 갉아먹는다.
- 그리고 단가 문제는 가장 조용한 방식으로, 가장 오래 지속되는 손실을 만든다.

이 네 가지는 따로 떨어진 문제가 아니다. 하나의 시장 안에서 서로 연결되어 작동한다. 어느 하나만 피한다고 안전해지는 구조도 아니다. 그래서 배송업의 사기는 늘 다른 모습으로 반복되고, 피해자는 매번 새로 등장한다.

사기는 언제나 '생각할 시간'을 빼앗는다

이 모든 구조에서 공통적으로 반복되는 장면이 있다. 조건은 늘 친절하고, 설명은 단순하며, 결정은 빠를수록 좋다고 재촉한다. "지금 아니면 안 된다" "자리가 얼마 남지 않았다" "다들 이렇게 시작한다"는 말이 이어진다. 반대로 배송일이 얼마나 힘든 일인지 스스로 생각해볼 시간, 계산할 시간, 비교할 여유, 질문할 권리는 교묘하게 사라진다. 사기는 언제나 이렇게 작동한다. 생각할 시간을 빼앗는 순간, 계약은 이미 기울어진다.

배송업 사기꾼들이 가장 싫어하는 사람은 정보를 많이 아는 사람이 아니다. 그들은 오히려 많이 안다고 말하는 사람을 상대하는 데 익숙하다. 정말로 그들이 피하는 대상은 따로 있다. 오늘 결정하지 않는 사람, 집에 돌아가 계산기를 두드려보는 사람, 다른 조건과 비교해 보겠다고 말하는 사람이다. 그런 사람들 앞에서 사기 시스템은 힘을 잃는다.

그렇다면 '그럼에도 불구하고' 배송업을 선택하려는 사람은 무엇을 가져야 할까. 특별한 정보도, 내부 인맥도 아니다. 필요한 것은 단 하나, 판별하려는 태도다.

당신의 성실함을 비웃지 못하게 하라

누가 뭐래도 배송업의 본질은 정직함이다. 내가 움직인 만큼, 내가 배송한 박스 수만큼 수익이 돌아오는 구조는 우리 사회에서 몇 안 되는 '노력의 배신이 없는' 영역 중 하나다. 특별한 기술이나 화려한 스펙이 없어도 내 몸 하나 성실히 움직이면 내 가정을 책임질 수 있는 든든한 버팀목이 되어준다.

문제는 그 정직한 수입으로 가는 길목에 통행세를 징수하려는 약탈자들이 너무 많다는 현실이다. 지금까지 파헤친 지입 사기, 알선 사기, 그리고 교묘한 수수료와 원청사의 단가 후려치기는 모두 당신의 '노력'을 가로채려는 가짜들이다. 이 가짜들만 확실히 걷어낼 수 있다면, 배송업은 당신의 인생을 다시 일으켜 세워줄 확실한 기회가 된다.

배송업에서 '시작이 반'이라는 말은 단순히 마음가짐을 뜻하지 않는다. 그것은 생존과 직결된 물리적인 법칙이다. 시작 단계에서 몇천만 원의 빚이 생기거나, 적게는 매달 수십만 원에서 많게는 수백만 원의 부당한 수수료 계약을 맺거나, 기형적인 단가 구조에 발을 들이는 순간 당신의 결승선은 이미 뒤로 한참 밀려난 것이나 다름없다.

남들보다 조금 늦게 투입되더라도, 조금 더 발품을 팔더라도 첫 단추만큼은 결벽증에 가까울 정도로 꼼꼼하게 꿰어야 한다. 시작부터 사기를 당하고 들어간다면, 당신이 아무리 잠을 줄여가며 물량을 쳐내도 그 이득은 결국 사무실에 앉아 있는 누군가의 주머니로 흘러들어간다.

사기꾼들이 가장 좋아하는 먹잇감은 '세상 물정 모르고 열심히만 하려는 사람'이다. 그들은 당신의 성실함을 존경하는 것이 아니라, 이용하기 좋은 자원으로 본다. 하지만 당신이 구조를 이해하고, 정산의 투명성을 요구하며, 부당한 계약에 단호히 "아니오"라고 말할 수 있을 때 사기꾼들은 힘을 잃는다.

제대로 운영되는 깨끗한 회사들도 분명 많다. 배송기사를 파트너로 존중하고, 원청 단가를 투명하게 공유하며, 합리적인 관리비만 요구하는 대리점들은 지금도 묵묵히 제 자리를 지키고 있다. 이런 진짜 기회를 잡기 위해서는 공부해야 하고, 의심해야 하며, 끝까지 확인해야 한다.

당신의 앞길에 안개는 이미 걷혔다

특정 업체를 거론하는 것은 가능한 피하고 싶었지만, 그럼에도 업계의 치부를 드러낸 것은 단 한 가지 이유 때문이다. 배송인들이 흘리는 피땀이 정당한 가치로 평가받기를 바라기 때문이다. 이 글은 배송업을 포기하라고 쓰는 글이 아니다. 오히려 제대로 알고 시작해서 남 좋은 일 시키지 말고 당신과 당신 가족의 미래를 확실히 책임지라는 응원이다.

이제 무엇이 사기이고 무엇이 기회인지 구분할 수 있는 눈을 가졌다. 안개는 걷혔다. 이제 남은 것은 성실함을 연료 삼아 힘차게 가속 페달을 밟는 일뿐이다. 제대로 꿴 첫 단추가 당신의 앞길을 든든하게 지켜줄 것이다.

배송업의 길은 분명 쉽지 않다. 체력도 필요하고, 인내도 필요하다. 그러나 적어도 누군가의 자동 수입을 위해 당신의 시간과 노동을 헌납하는 일은 없어야 한다. 이 장이 그 최소한의 기준선이 되기를 바란다.

불공정 계약 대처법 – 계약서에 서명했어도 끝은 아니다

택배기사는 회사에 소속돼 일하지만, 동시에 독립적인 사업자이기도 하다. 이 이중적인 지위 때문에 지입차주와 물류회사 사이에서는 계약을 둘러싼 분쟁이 종종 발생한다. 가장 이상적인 것은 처음부터 문제가 생기지 않는 것이지만 현실은 늘 그렇게 흘러가지는 않는다.

문제는 불공정한 계약을 맺은 뒤다. 많은 사람이 이렇게 생각한다.

'이미 계약서에 서명했으니 방법이 없겠지.'

하지만 반드시 그렇지는 않다.

실제로 현장에서 벌어지는 전형적인 시나리오를 예로 들어보자.

내 차인데 내 마음대로 못 한다?

지입차주 A씨와 물류회사 B사와 위·수탁관리계약을 체결했다. B사의 영업용 번호판을 사용하기 위해 자신의 화물차를 B사 명의로 이전 등록하고, 매월 20만 원의 관리비를 지급하기로 한 계약이었다. 그러나 여러 사정으로 A씨는 4개월간 관리비를 연체했고, B사는 이를 이유로 계약 해지를 통보했다.

문제는 그다음이었다. A씨가 차량 명의 반환을 요구하자 B사는 계약서 조항을 근거로 "차량은 우리 회사 소유이므로 돌려줄 수 없다"고 거부했다. A씨는 생계 수단인 트럭을 통째로 빼앗길 위기에 처한 것이다. 과연 A씨는 법적으로 차량을 되찾을 수 있을까?

'계약 자유'와 '불공정'의 경계

많은 배송기사가 '계약서에 도장을 찍었으니 어쩔 수 없다'고 포기하곤 한다. 하지만 대한민국 법은 '계약 자유의 원칙'만큼이나 '공정성'도 중요하게 생각한다. 계약은 원칙적으로 당사자의 자유에 맡기지만, 그 자유가 언제나 정당한 것은 아니기 때문이다. 생계를 이유로 불리한 조건을 강요받았거나, 선택의 여지가 거의 없었다면 이야기는 달라진다. B사가 주장하는 '3개월 연체 시 차량 소유권 박탈' 같은 조항은 불공정성 여부에 대해 충분히 다툼의 대상이 될 수 있는 내용이다.

법은 이런 상황을 대비해 여러 장치를 두고 있다. 불공정한 약관 조항, 일방적으로 불리한 책임 전가, 사회 통념상 지나치게 가혹한 조건은 무효로 판단될 수 있다. 특히 지입 계약과 관련해서는 민법은 물론이고 화물자동차운수사업법에서도 현저히 불공정한 계약을 무효로 볼 수 있는 근거를 마련해 두고 있다. 이를 구체적으로 살펴보면 다음과 같다.

약관법이 보는 불공정의 기준

지입 계약서는 보통 물류 회사가 다수의 차주와 체결하기 위해 미리 인쇄해둔 서식이다. 법적으로 이러한 문서는 '약관'으로 분류된다. 약관법 제6조는 '신의성실의 원칙'을 강조하며, 사업자가 우월한 지위를 남용해 공정성을 잃은 조항을 계약서에 넣었을 경우 그 조항을 무효로 규정한다.

특히 고객에게 부당하게 불리하거나, 일방적으로 불리한 의무를 떠넘기거나, 계약의 본질적인 권리를 제한하는 내용은 법원에서 인정되지 않는다. 예를 들어, 차주가 차량 대금을 모두 지불했는데도 '계약 해지 시 차량 소유권은 무조건 회사에 귀속된다'

거나 '회사의 귀책사유로 계약이 해지되어도 차주는 이의를 제기할 수 없다'는 식의 조항이 있다면, 이는 약관법상 무효가 될 여지가 있다.

민법이 허용하는 사회 통념의 기준

민법은 계약의 가장 기초가 되는 법으로, 계약 내용이 사회 통념상 허용될 수 있는 수준인지를 판단한다. 민법 제103조는 '반사회적 법률행위'를 금지하며, 제104조는 '불공정한 법률행위'에 대해 규정한다.

상대방이 당장 생계가 급한 상태에 있거나, 법적 지식이 부족한 상태임을 알면서도 이를 이용해 현저하게 공정성을 잃은 계약을 맺었다면 그 법률 행위는 무효이다. 배송기사들은 일을 당장 시작해야 한다는 절박함 때문에 독소 조항이 뻔히 보이는 계약서에도 도장을 찍는 경우가 많다. 법원은 이러한 생계형 계약에서 당사자의 선택 가능성과 협상력의 차이를 중요한 판단 요소로 본다. 회사가 아무런 비용 부담 없이 차주의 노동력과 자산(차량)을 갈취하듯 가져가는 구조의 계약이라면 민법의 대원칙에 따라 보호받을 수 있다. 즉, 계약의 형식보다 그 계약이 맺어진 배경과 실제 고통의 정도를 법이 들여다보는 것이다.

불공정 계약을 무효로 명시한 화물자동차 운수사업법

일반적인 계약 분쟁을 넘어 화물 배송 현장의 특수성을 가장 잘 반영하고 있는 특별법이 바로 화물자동차 운수사업법이다. 이 법 제40조 제7항은 위·수탁계약에서 발생할 수 있는 '현저히 불공정한 계약'을 무효로 명시하고 있다.

이 법은 특히 차량의 소유권 귀속 문제나 계약 해지 시 발생하는 과도한 위약금 청구 등 차주의 정당한 이익을 침해하는 행위를 강력하게 규제한다. 현장에서는 관리비가 몇 달 연체되었다는 이유로 차량 번호판을 강제로 떼어가거나, 차량 소유권을 주장하며 차주를 압박하는 일이 비일비재하다. 하지만 화물법은 이러한 행위를 차주의 정당한 이익을 침해하는 불공정 계약으로 보고, 해당 조항을 무효로 판단할 수 있도록 규정하고 있다. 지입 차주에게 있어 화물자동차 운수사업법은 내 재산권과 생존권을 지켜주는 가장 구체적이고 실질적인 법적 방패이다.

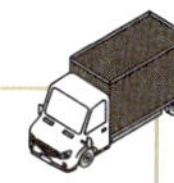

혼자 싸우지 않아도 된다

지금까지 살펴봤듯 계약서에 서명했다고 해서 부당한 상황을 무조건 받아들일 필요는 없다. 법은 약자 보호를 위한 절차를 마련하고 있다. 만약 계약으로 인해 과도한 불이익을 받는다고 느낀다면 계약서의 문제점을 검토해 봐야 한다. 이런 상황에서 가장 위험한 선택은 혼자 판단하고 혼자 버티는 것이다. 불공정 계약은 개인이 감당하기 어려운 경우가 많고 법률적 판단이 필요한 영역이기 때문이다.

배송인그룹은 이런 상황에 대비해 소속 배송기사들을 위한 법률 자문을 운영하고 있다. 지입·화물 분야에 전문성을 가진 베테랑 변호사들과 연계해 계약 분쟁이나 불공정 계약 문제에 대해 상담을 받을 수 있도록 돕고 있다.

배송 창업의 길 위에는 곳곳에 함정이 숨어 있다. '설마 나한테 그런 일이 생기겠어?'라는 안일함보다는, 나를 지켜줄 든든한 법적 방패를 미리 준비하는 것이 성공적인 창업의 첫걸음이다.

배송 창업으로
인생 재설계하기

5장

배송 창업자 인생 로드맵 5단계
트럭에서 시작해 미래로 나아가기

단순히 물건을 나르는 '기사'로 남을 것인가,

자신의 삶을 경영하는 '사업가'로 성장할 것인가?

첫 3개월의 혹독한 고비를 견뎌낸 이들에게 주어지는

성장의 열매는 무엇이며,

육체적 노동의 한계를 넘어

관리와 시스템의 영역으로 나아가는 단계는

어떻게 설계해야 하는가?

배송이라는 디딤돌을 딛고

인생의 다음 페이지를 열어젖힌 이들의 기록을 통해

정직한 땀방울이 어떻게 경제적 자유라는

미래로 이어지는지

그 로드맵을 그려보자.

시작:
단단한 초심으로 무장하기

새로운 목표를 세우거나

새로운 삶의 꿈을 꾸기 위해

결코 늦은 때란 존재하지 않는다.

_ C. S. 루이스

지금까지 배송 창업을 위한 준비 과정을 차근차근 짚어봤다. 어떤 자
격증이 필요한지, 차량은 어떻게 마련해야 하는지, 배송업에는 어떤 종
류가 있는지, 자신의 성향과 상황을 고려해 어떤 배송 분야를 선택해야
하는지까지 꼼꼼히 다뤘다. 더불어 안전한 창업을 위한 마지막 열쇠, 각

종 사기를 어떻게 피할 수 있는지도 살펴봤다. 여기까지 잘 따라온 독자라면 적어도 아무것도 모른 채 뛰어드는 상황은 피할 수 있다. 준비라는 측면에서는 이미 안전한 출발선에 서 있다고 해도 과언이 아니다.

그런데 지난 7년간 2,400명이 넘는 배송기사를 창업의 길로 안내하면서 나는 트럭보다, 사업자등록증보다 더 중요한 것이 있다는 사실을 깨달았다. 바로 '멘탈', 즉 마음가짐이다. 이미 앞서도 여러 차례 강조했지만, 배송은 정말 힘든 일이다. 여름엔 하루에 다섯 번 이상 옷을 갈아입어도 모자랄 정도로 온몸이 땀으로 범벅이 되고, 겨울엔 새벽 한기가 뼈를 애는 듯 차갑다. 장대비도 온몸으로 맞아야 하고, 눈이 오는 날엔 위험한 눈길 운전도 마다할 수 없다. 무거운 짐을 들다 보면 온몸 구석구석 안 쑤신 곳이 없고, 계단을 오르내리다 보면 무릎이 욱신거려 밤에 잠을 자기도 어렵다.

몸의 한계를 시험하는 배송업은 그래서 오히려 몸으로 하는 일이기 이전에 마음으로 버티는 일이다. 실제로 배송 창업자 중 첫 한 달 안에 포기하는 사람이 상당하다. '이건 내가 할 일이 아니야'라고 고개를 절레절레 흔들며 떠난다.

왜 그럴까? 능력이 부족해서일까? 체력이 달려서일까? 대부분은 그렇지 않다. 문제는 마음이다. 현실과 기대 사이의 간극 앞에서 마음이 먼저 꺾이는 것이다. 선택이 잘못돼서라기보다는 익숙하지 않은 시작의 국면이 생각보다 낯설고 불안하기 때문이다.

흔히 '시작이 반'이라고 한다. 이 말은 시작만 하면 절반은 끝났다는 뜻이기도 하지만, 시작 단계를 넘어서는 일이 그만큼 어렵다는 의미도 담고 있다. 뭔가를 새롭게 시작하는 건 누구에게나 어렵고 불편한 일이다. 몸은 아직 새로운 리듬에 적응하지 못했고, 하루의 끝은 멀게만 느껴진다.

마라톤을 처음 뛰어본 사람들도 비슷한 이야기를 한다. 42.195km의 여정에서 가장 힘든 구간은 마지막 5km라고들 한다. 체력이 바닥난 상태에서 정신력만으로 버티는 구간이다. 그런데 실제로 마라톤을 완주해본 사람들에게 물어보면 의외의 답이 돌아온다.

"마지막 5km도 힘들지만, 사실 초반 5km가 그에 못지않게 힘들어요."

몸이 아직 적응하지 못한 상태에서 페이스를 찾아가는 그 구간. 숨이 차오르고, 다리가 무겁고, '내가 왜 이걸 하고 있지?'라는 의문이 스멀스멀 올라오는 그 순간. 바로 그 초반 5km를 버텨야만 중반의 안정된 페이스가 찾아오고, 결승선이 보이기 시작한다.

배송업도 마찬가지다. 초반 3개월, 어떤 이에게는 첫 2~3일이 가장 힘든 고비다. 이 시기를 넘기지 못하면 아무리 완벽한 준비도 무용지물이 된다. 반대로 이 고비만 넘기면 그다음부터는 길이 보이기 시작한다. 그래서 나는 배송 창업을 앞둔 이들에게 이렇게 말하곤 한다.

"1년만 죽었다고 생각하세요."

과장된 표현처럼 들릴지도 모르겠다. 하지만 실제로 배송업으로 삶을 일으켜 세운 사람들은 이 말의 진짜 의미를 안다. 처음 1년은 버티는 시간이다.

운명의 갈림길, 첫 고비

그래서 우리 회사는 원칙적으로 면접 당일에 계약을 진행하지 않는다. 삶의 최전선에 뛰어들 각오가 되어 있는지 냉정하게 자신에게 질문하고 충분히 고민할 시간을 주기 위해서다. 각오 없이 뛰어들면 십중팔구 포기하기 때문이다.

계약하겠다고 약속을 잡아놓고도 차일피일 미루는 사람도 있다. 약속 당일 취소하고, 다시 잡은 약속을 또 취소한다. 이런 상황이 여러 차례 반복되면 회사 쪽에서 먼저 손을 놓는다. 각오 없이 들어오면 본인도 힘들고 회사도 힘들기 때문이다.

어떤 이는 몇 번을 전화해서 묻는다.

“제가 정말 할 수 있을까요?”

창업 상담을 하다 보면 사람들은 대개 '가능성을 심어주는 말'을 기대한다. 그러나 나는 오히려 반대로 이야기한다.

“배송은 정말 힘든 일입니다. 눈비를 그대로 맞으며 일해야 합니다. 최소 2~3달 이상은 군대 간다고 생각해야 해요. 그러니 지금 당장은 결정하지 마세요.”

각오는 단순히 '할 수 있을 것 같다'는 다짐이 아니다. 힘들다는 사실을 알지만 '어떻게든 해보겠다'고 마음을 정하는 것이다.

실제로 한 지원자는 면접 후 1년이 흐른 후 다시 나를 찾아왔다. 상담 후 배송 일을 할 자신이 없어서 그동안 이런저런 일을 해봤지만, 돈이 되지 않아 결국 돌고 돌아 다시 배송 창업을 선택한 것이다. 처음에 걱정했던 것과 달리 그는 잘 적응해서 지금은 한 달에 700만 원에 가까운 수입을 올리고 있다. 어느 날 그가 멋쩍은 듯 웃으며 내게 이렇게 말했다.

“1년 전에 시작할 걸 그랬어요. 한 달에 500만 원씩은 더 벌었을 텐데. 6,000만 원을 손해 본 셈이네요.”

배송은 힘든 일이라는 것이 잘 알려진 만큼 가족들이 반대하는 경우도 흔하다. 최근 천안에 사는 한 지원자는 계약을 세 번이나 미뤘다. 면접 당시 본인의 의지가 워낙 확고했던 터라 내가 직접 전화를 걸어 이유를 묻자 결국 진짜 이유를 털어놨다.

"아내가 너무 심하게 반대해서 결정을 못 내리고 있어요."

이 상담자는 이 책을 쓰고 있는 지금도 결정하지 못한 채 고민하고 있다.

이런 사례는 정말 흔하다. 배송업은 남들이 보기엔 위험하고, 고되고, 미래가 불안정해 보이기 때문이다. 그래서 나는 서두르지 말라고 조언한다. 20대 미혼자는 부모님에게, 기혼자는 배우자의 허락과 동의를 받아오라고 말하고 돌려보낸다.

초심을 글로 남기는 이유

그렇게 고민 끝에 배송업에 뛰어들기로 결심한 사람들에게 우리 회사는 한 가지 특별한 의식을 치르게 한다. 바로 초심 각서다.

계약서에 사인하자마자, 나는 한 장의 종이를 건넨다.

"왜 이 일을 시작하려고 하는지, 무엇을 이루고 싶은지, 힘들 때 스스로에게 어떤 말을 하고 싶은지 집에 가서 꼭 적어보세요."

처음에는 어리둥절해하는 사람들이 많다. 하지만 펜을 들고 백지를 마주한 순간 사람들의 표정이 달라진다. 그동안 머릿속을 맴돌던 생각들이 글자로 쏟아져 나온다. 어떤 이는 빠르게 몇 줄을 적고, 어떤 이는 한참을 망설이다가 한 문장 한 문장 신중하게 꾹꾹 눌러 적는다. 글씨가 삐뚤빼뚤해도 상관없다. 문장이 매끄럽지 않아도 괜찮다. 중요한 것은 그 글 속에 담긴 진심이다.

당연히 이 초심 각서는 법적 효력을 가진 문서는 아니다. 회사에 제출하는 서류도 아니다. 오로지 자신을 위해 자신과 하는 약속이다. 대부분은 이 각서를 집에 가져가 책상 앞에 붙여둔다. 냉장고 문에 붙여두기도 하고, 트럭 운전석 선바이저에 끼워두기도 한다. 매일 아침 그 글을 보며 마음을 다잡기 위해서다.

아침에 눈을 떴는데 몸이 무겁고 왠지 오늘만큼은 일 나가기 싫은 날이 있다. 그럴 때 벽에 붙은 자신의 다짐을 본다. 왜 이 일을 시작했는지, 무엇을 이루려고 했는지를 떠올리면 다시 일어날 힘이 생긴다.

초심 각서에는 각자의 사연이 담겨 있다. 누군가는 빚을 갚겠다는 다짐을, 누군가는 가족을 책임지겠다는 약속을, 또 누군가는 자신과의 마지막 싸움을 위한 각오를 적어둔다. 그 문장들은 때로 절박하고, 때로 간절하며, 때로 눈시울을 붉히게 만든다.

실제 우리 루트매니저들이 남긴 초심 각서를 몇 개 읽어보자. 이 문장들 속에는 배송업이 얼마나 어려운지, 그럼에도 왜 이 길을 선택했는지가 고스란히 담겨 있다.

"지금껏 모아둔 자본은 없지만, 까짓것 나도 1억 한번 모아 보자."
"지금의 간절함을 잊지 말자. 힘든 건 금방 익숙해진다. 참고 견디자."

어떤 각서에는 지난 시간이 회한이, 또 어떤 각서에는 지켜야 할 사람이 담겨 있다.

"목장 생활 16년 청산 후 세상에 내가 존재함을 알리러 나왔음을 잊지 말자!"
"내가 흘리는 오늘의 땀과 노력이 사랑하는 가족의 내일을 지키는 울타리가 된다."
"노력은 배신하지 않는다. 한 단계 한 단계 도약할 수 있는 사람이 되기 위해 하루하루 최선을 다한다면 못 할 것이 없다."

또 어떤 각서에는 더 이상 물러설 곳이 없다는 각오와 함께 자신을 향한 주문이 담겨 있다.

"첫 사업자! 모든 것은 내 책임. 목표까지 달리자."

"더 이상 뒤로 물러날 데가 없다. 처음 먹었던 절박한 마음, 다짐만 기억하고 앞으로만 나아가자."

"나는 무엇이든 할 수 있는 사람이다. 아무리 힘들어도 끝까지 포기하지 않고 참고 견뎌내어 앞으로 나아가자."

"다시 태어난다는 마음가짐으로, 군대를 다시 간다는 생각으로."

"지금보다 더 노력해서 고민 걱정 없는 나의 삶을 다시 만들자."

이 문장들을 읽고 있으면 가슴이 먹먹해진다. 지난 세월을 청산하고 세상에 나온 사람의 각오, 다시 태어난다는 마음으로 시작하는 사람의 다짐이 글자 하나하나에서 그대로 묻어 나온다.

이것이 바로 배송 창업자들의 진짜 모습이다. 화려한 꿈을 꾸는 사람들이 아니라 현실의 무게를 온몸으로 견디며 한 걸음씩 앞으로 나아가려는 사람들이다. 그들에게 배송업은 로또가 아니라 생존 전략이고, 도박이 아니라 계산된 선택이며, 환상이 아니라 땀으로 일궈낼 현실이다.

지금 이 순간, 백지 한 장 앞에 앉아 있다고 생각해보자. 왜 이 책을 펼쳤는가. 무엇을 이루고 싶은가. 힘들 때 자신에게 하고 싶은 말은 무엇인가.

그 답이 명확할 때, 당신은 이미 첫 고비를 넘을 준비가 된 것이다.

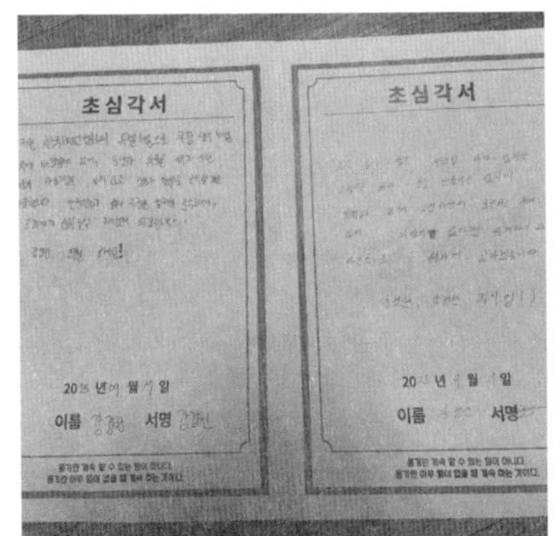
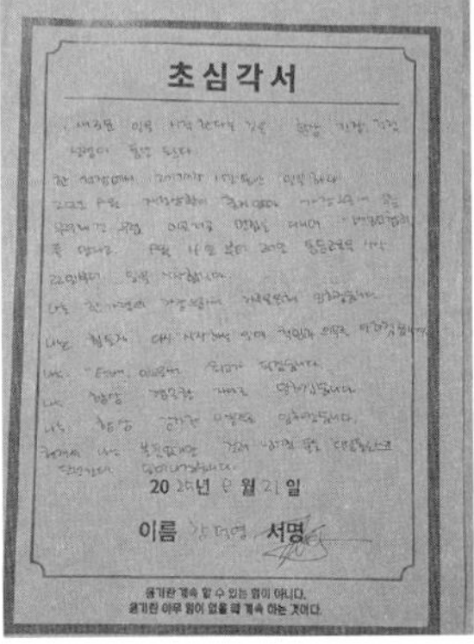
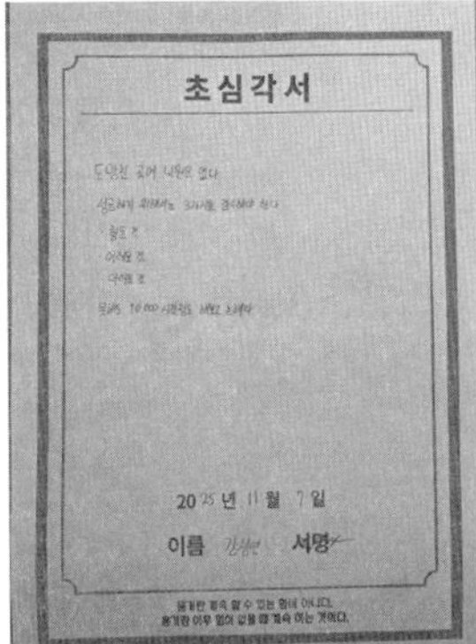
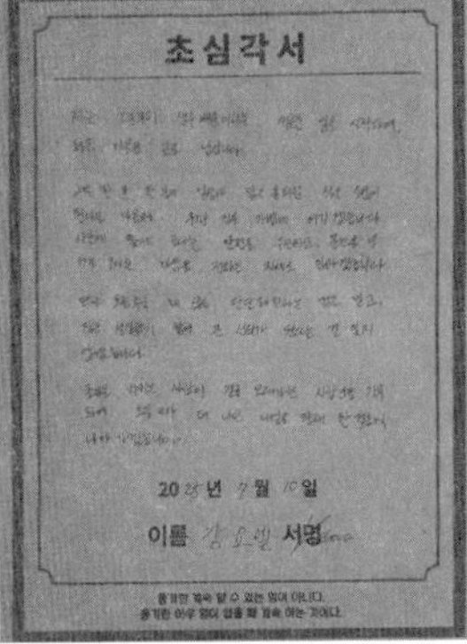
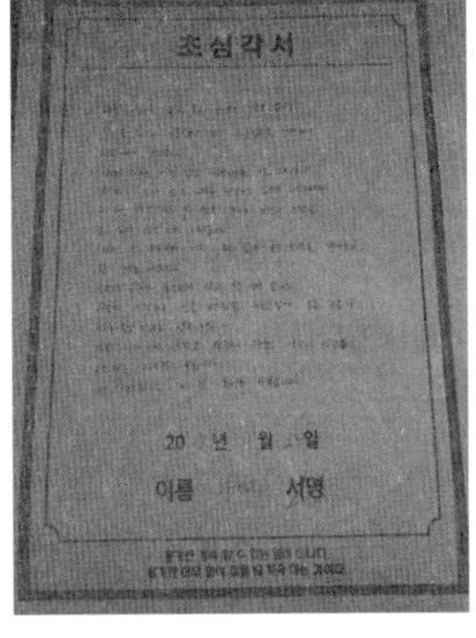
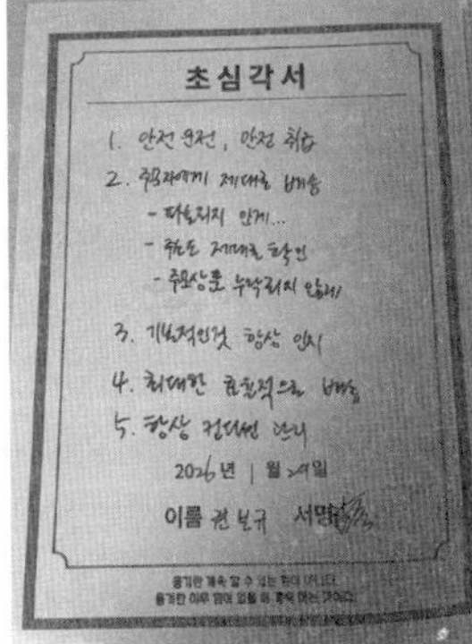
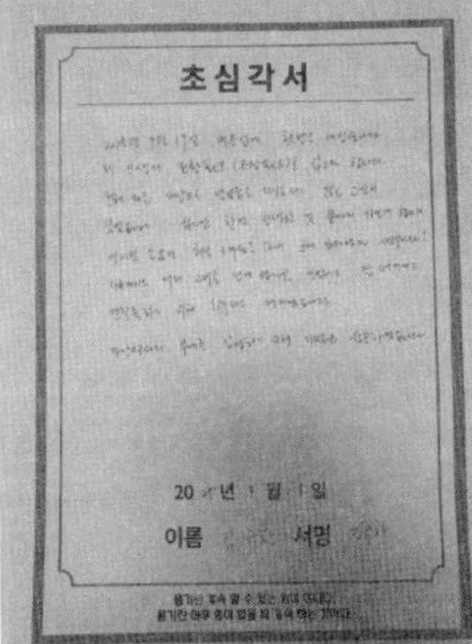
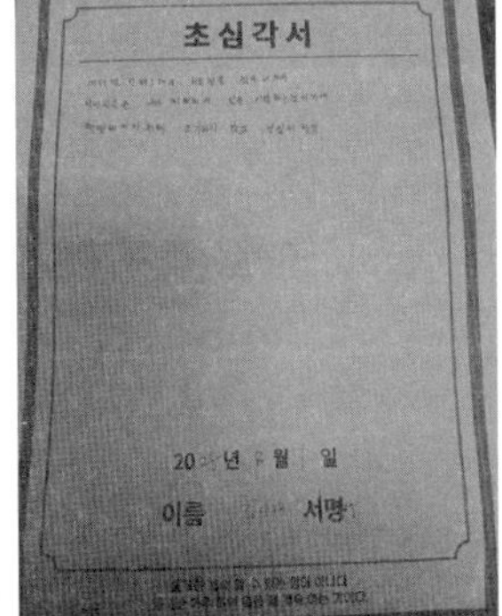

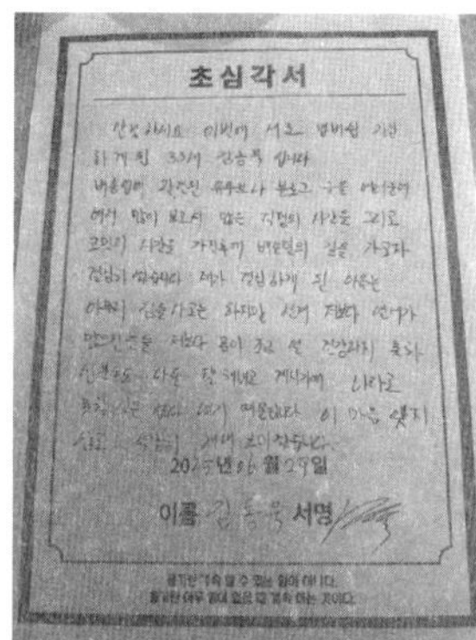

초심각서

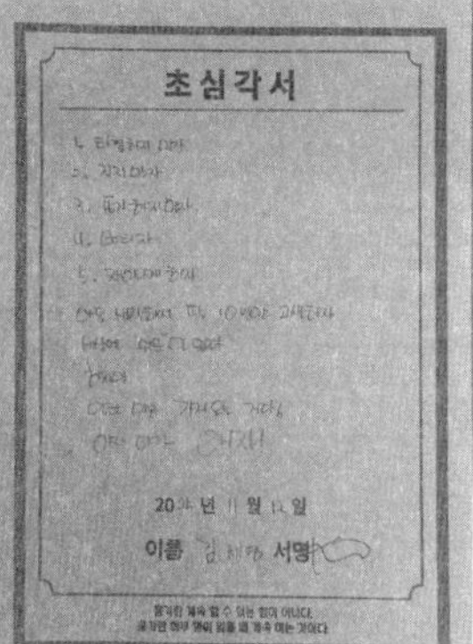

초심각서

초심각서

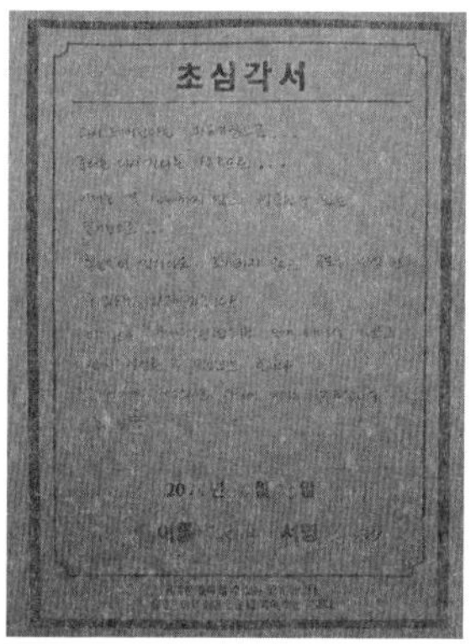

초심각서

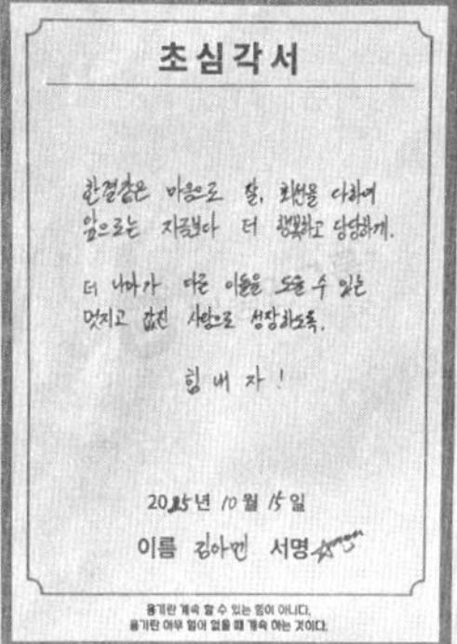

초심각서

한결같은 마음으로 늘, 최선을 다하여
앞으로는 지금보다 더 행복하고 당당하게.

더 나아가 다른 이들을 도울 수 있는
멋지고 깊은 사람으로 성장하도록.

힘 내 자 !

20▢5년 10월 15일

이름 김아▢ 서명

용기란 계속 할 수 있는 힘이 아니다.
용기란 아무 힘이 없을 때 계속 여는 것이다.

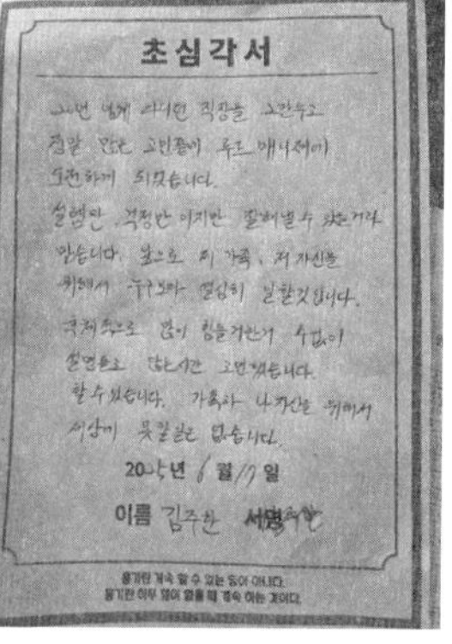

초심각서

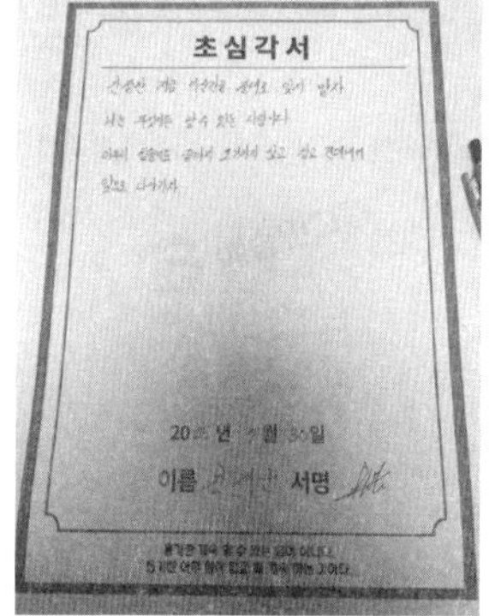

초심각서

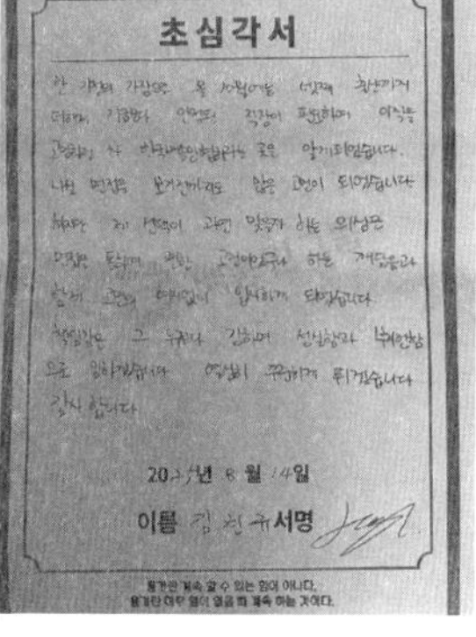

초심각서

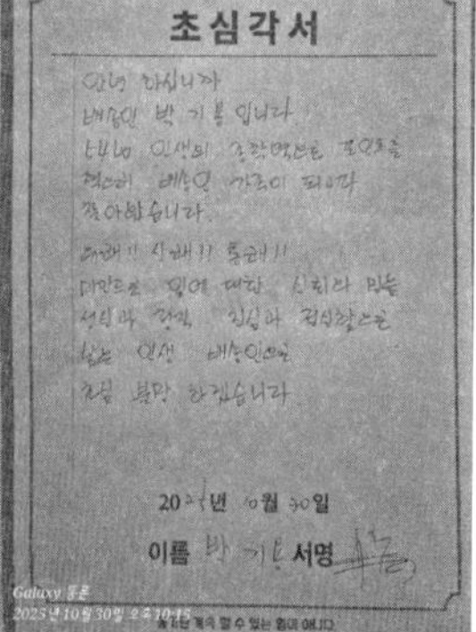

초심각서

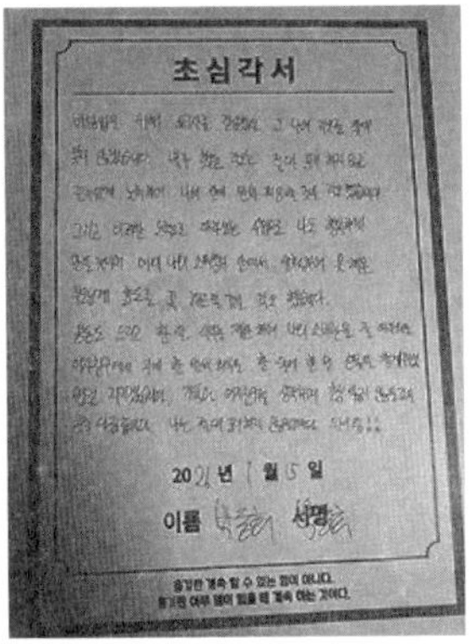
초심각서

2021년 1월 5일

이름 서명

용기란 계속 할 수 있는 힘이 아니다.
용기란 아무 힘이 없을 때 계속 하는 것이다.

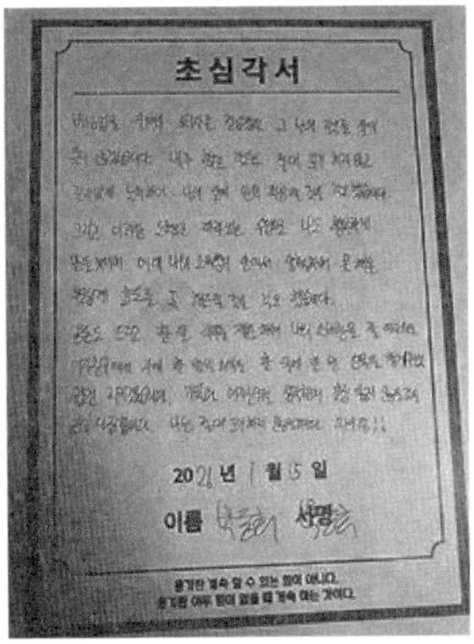
초심각서

2021년 1월 5일

이름 서명

용기란 계속 할 수 있는 힘이 아니다.
용기란 아무 힘이 없을 때 계속 하는 것이다.

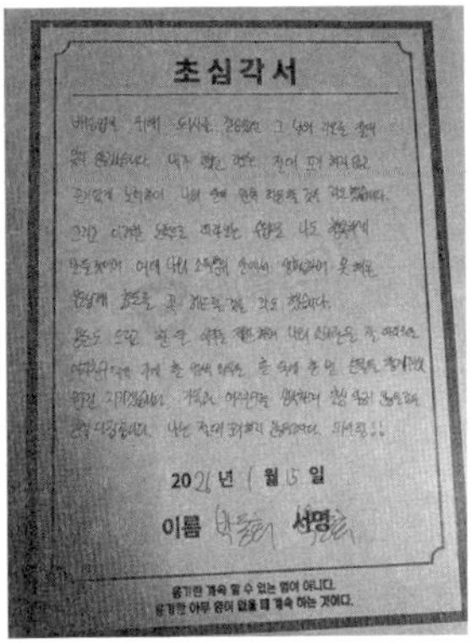
초심각서

2021년 1월 5일

이름 서명

용기란 계속 할 수 있는 힘이 아니다.
용기란 아무 힘이 없을 때 계속 하는 것이다.

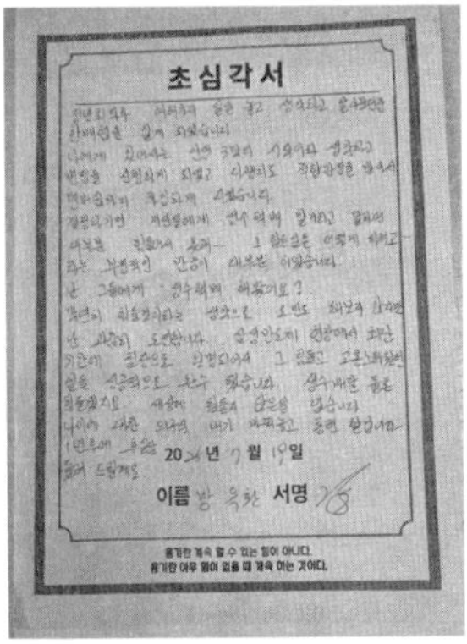
초심각서

2024년 7월 19일

이름 서명

용기란 계속 할 수 있는 힘이 아니다.
용기란 아무 힘이 없을 때 계속 하는 것이다.

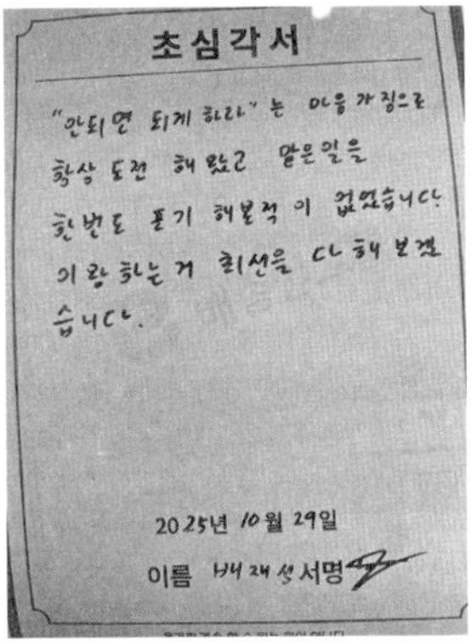
초심각서

"안되면 되게 하라"는 마음가짐으로 항상 도전 해왔고 맡은일은 한번도 포기 해본적이 없었습니다. 이랑 하는거 최선을 다 해 보겠습니다.

2025년 10월 29일

이름 배재성 서명

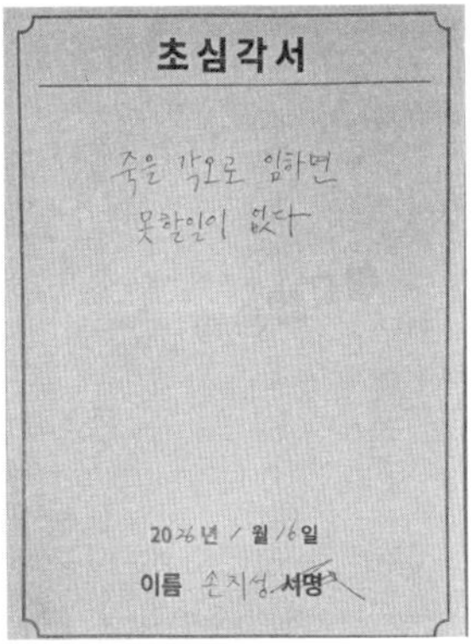
초심각서

죽을 각오로 임하면
못할일이 없다

2026년 1월 16일

이름 손지성 서명

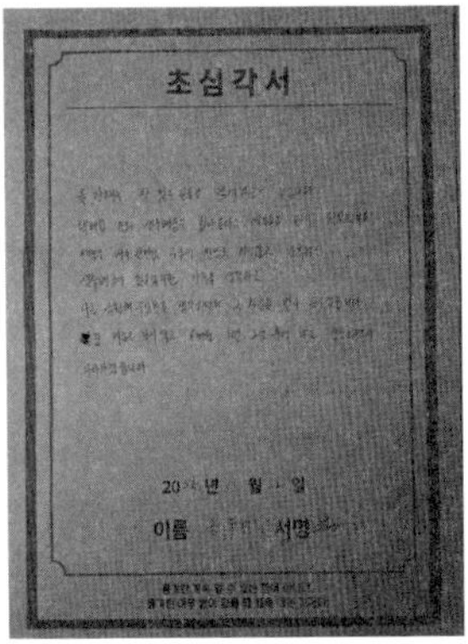
초심각서

이름 서명

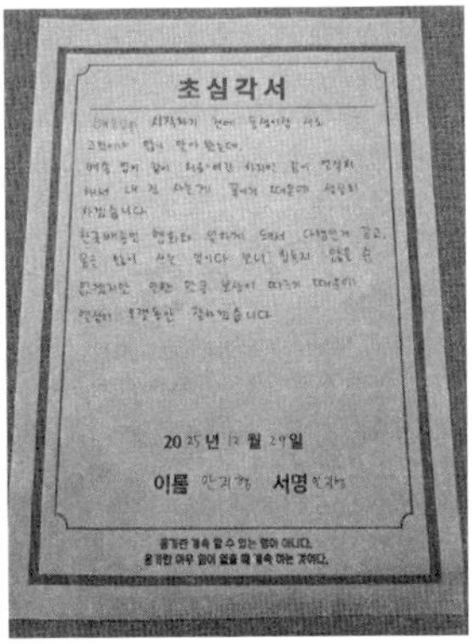
초심각서

2025년 12월 29일

이름 서명

용기란 계속 할 수 있는 힘이 아니다.
용기란 아무 힘이 없을 때 계속 하는 것이다.

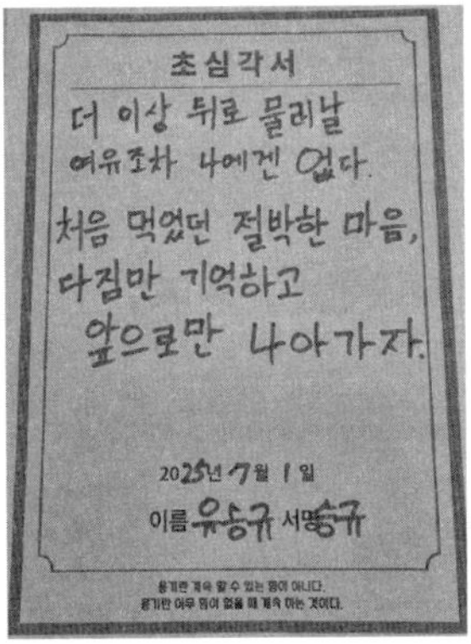
초심각서

더 이상 뒤로 물러날
여유조차 나에겐 없다.
처음 먹었던 절박한 마음,
다짐만 기억하고
앞으로만 나아가자.

2025년 7월 1일

이름 유승규 서명

용기란 계속 할 수 있는 힘이 아니다.
용기란 아무 힘이 없을 때 계속 하는 것이다.

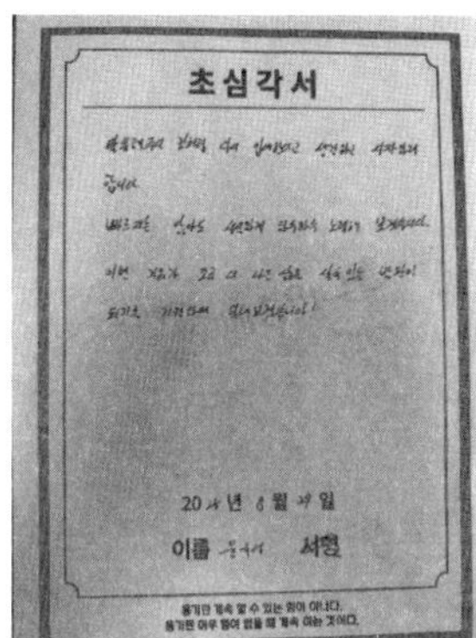

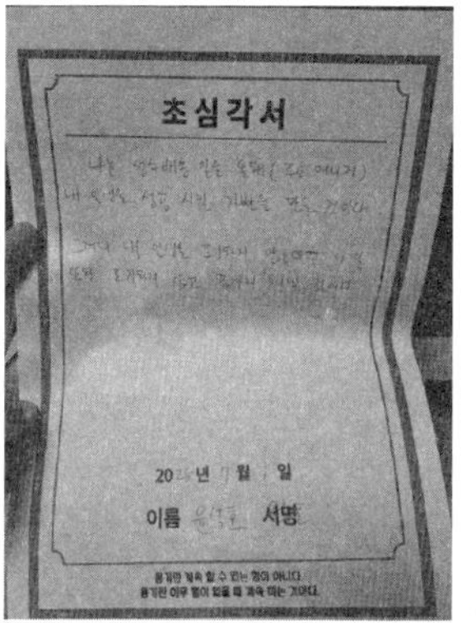

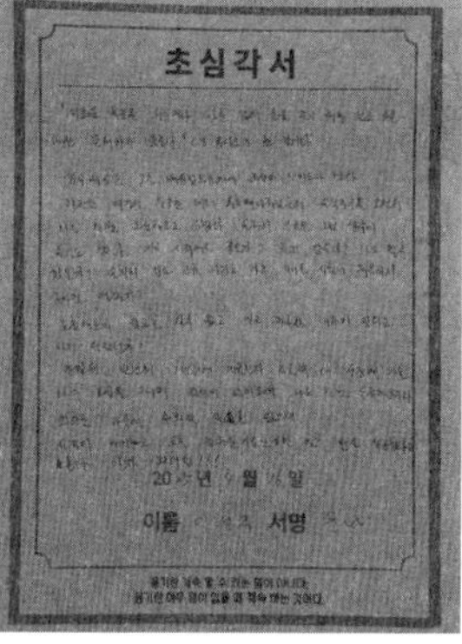

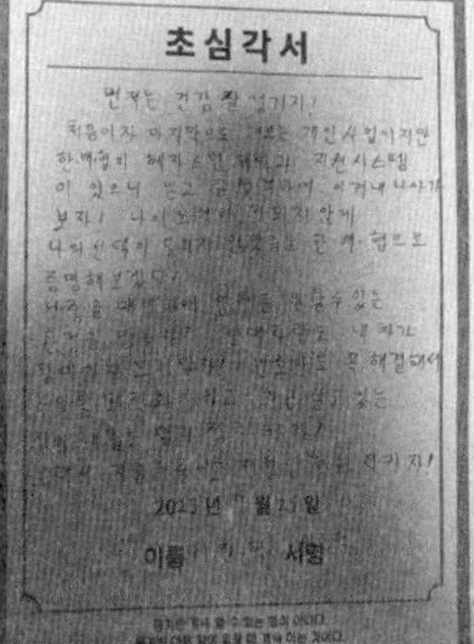

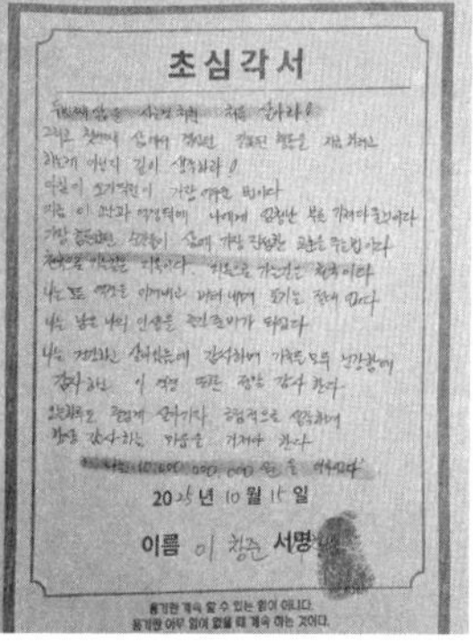

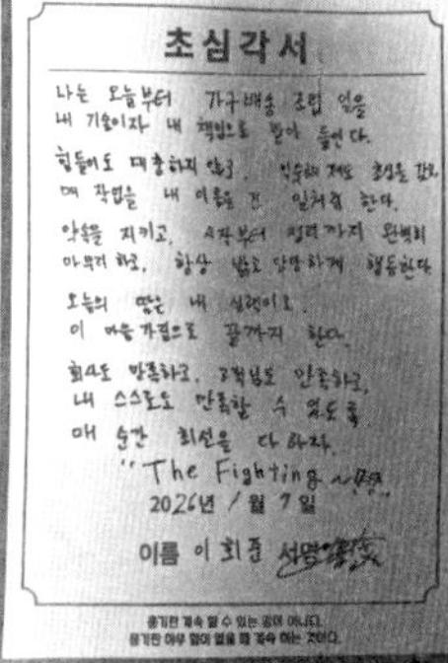

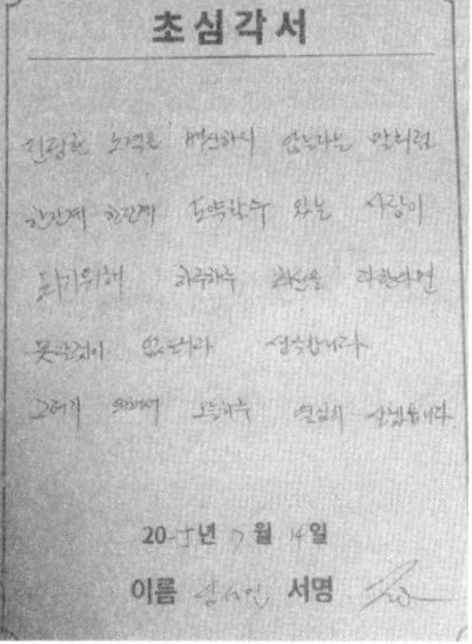

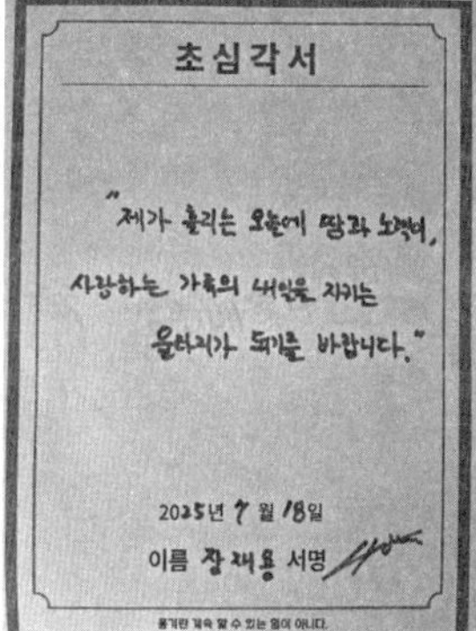

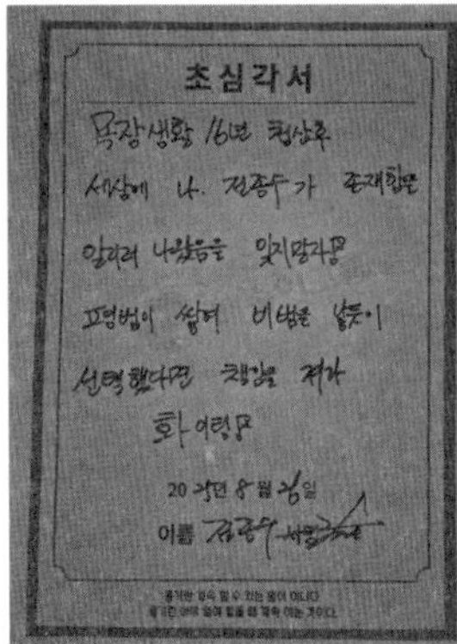
초 심 각 서
목장생활 16년 청산후
세상에 나. 전종수 가 존재함을
알려 나람들을 잊지말고
꼬맹이 쌓여 비웠준 날들이
선택했다면 책임 저자
화이팅
20 년 8월   일
이름

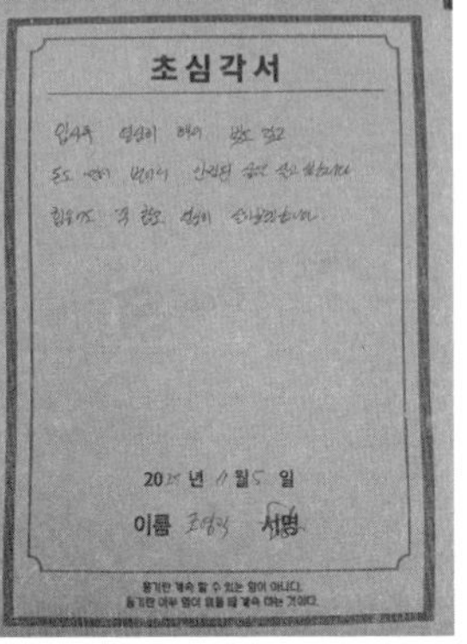
초 심 각 서
20 년   월 5일
이름   서명

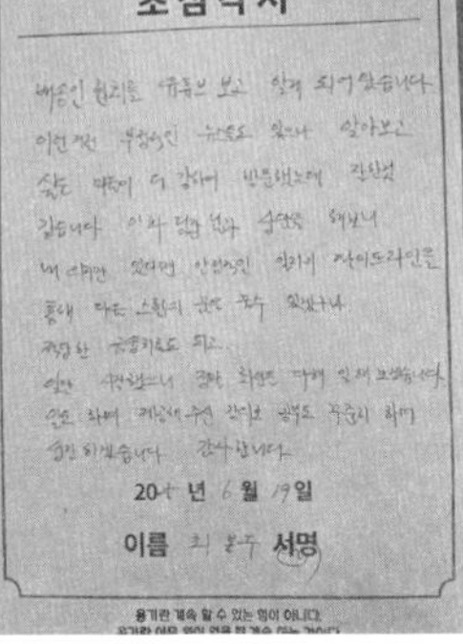
초 심 각 서
20 년 6월 19일
이름   서명

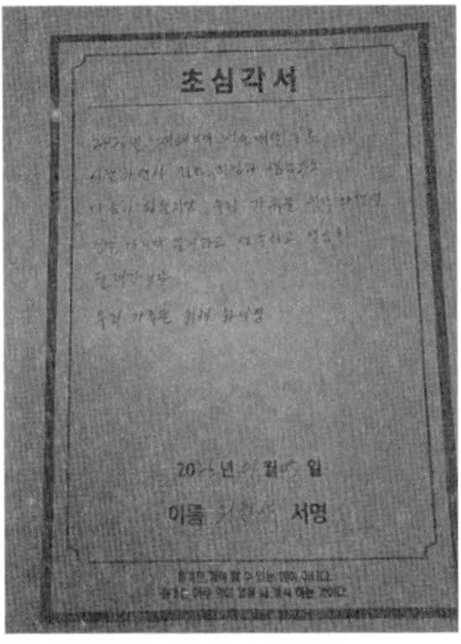
초 심 각 서
20 년   월   일
이름   서명

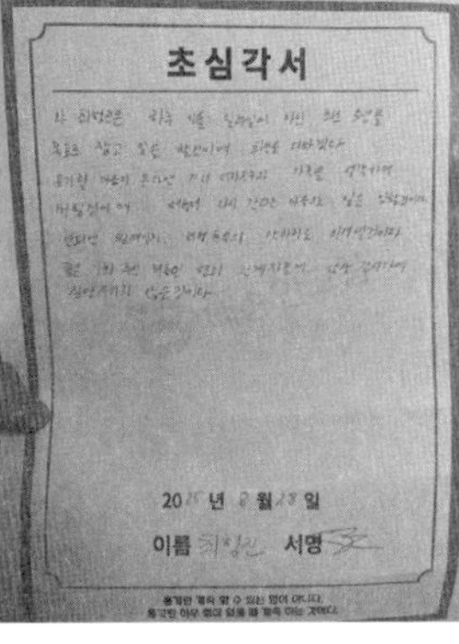
초 심 각 서
20 년 2월 13일
이름   서명

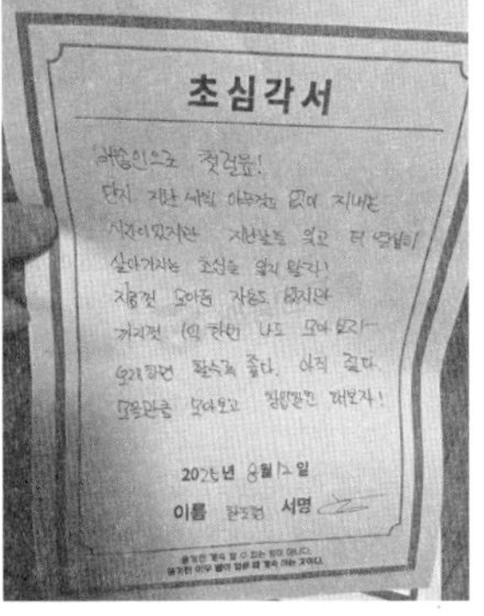
초 심 각 서
20 년 8월   일
이름   서명

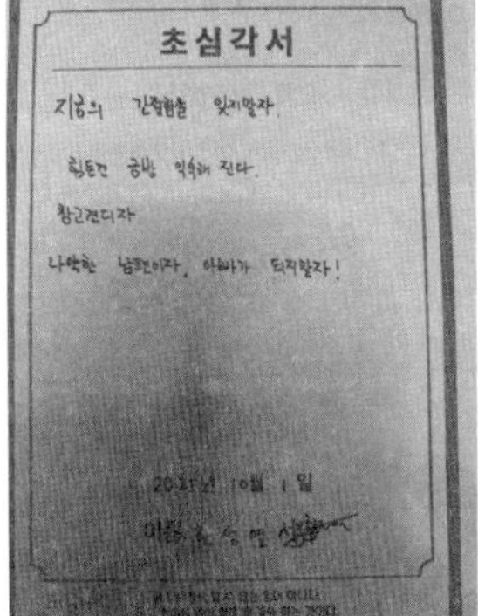
초 심 각 서
지금의 간절함을 잊지말자
20 년   월 1일
이름   서명

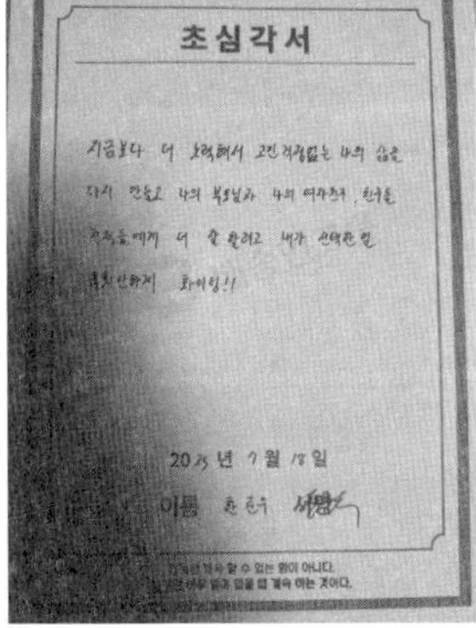
초 심 각 서
20 년 7월   일
이름   서명

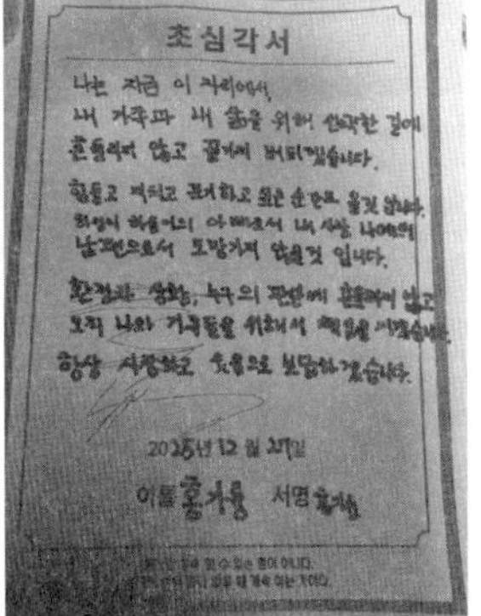
초 심 각 서
나는 지금 이 자리에서
20 년 12월   일
이름   서명

정착:
3개월 안에 적응하기

초심 각서를 쓰고 트럭 키를 받아 든 순간, 당신은 이미 출발선에 섰다. 하지만 진짜 싸움은 이제부터다. 배송업에서 초반 3개월은 사업의 성패를 가르는 운명의 구간이다. 이 시기를 넘기면 숙련된 배송기사로 자리를 잡지만, 넘기지 못하면 결국 핸들을 놓게 된다.

초반에 배송업을 떠나는 이유는 크게 세 가지다. 체력, 부상, 그리고 사고. 이 세 가지 장벽 앞에서 많은 사람이 무너진다. 체력이 먼저 한계에 다다르고, 몸 여기저기가 아프다는 신호를 보내기 시작하며, 결정적으로 한 번의 사고가 굳건했던 의지를 흔든다.

몸에 굳은살이 박이는 시간

배송을 시작하고 가장 먼저 마주하는 벽은 체력이다. 대부분 힘들 거라고 각오하고 시작한다. 하지만 막상 현장에서 맞닥뜨리는 육체적 피로도는 상상 이상이다. 게다가 주소 하나를 찾는 데도 시간이 오래 걸리고, 동선이 꼬이면서 불필요한 움직임이 반복돼 에너지 낭비가 심해진다. 그래서 루트매니저 카페에 올라오는 신입 시절 후기에는 처절한 이야기로 가득하다.

"퇴근하고 집에 가면 현관문 앞에서 그대로 쓰러질 정도였어요."
"초반에는 체력이 너무 부족해서 집에 오면 아무것도 못 했습니다."

배송업에 뛰어드는 사람들은 대개 체력에 자신감을 보인다. 특히 이

전에 몸을 써서 일해본 경험이 있는 이들은 '이 정도쯤이야'라며 자신감을 갖고 시작한다. 그러나 현장은 전혀 다른 메커니즘으로 작동한다.

새벽 차가운 공기를 마시며 일을 시작해 늦은 저녁까지 쉬지 않고 움직이는 일, 무거운 짐을 들고 계단을 오르내리는 일, 악천후 속에서도 정해진 물량을 소화해야 하는 일. 이 모든 과정이 체력을 소진시킨다. 퇴근 후 저녁을 먹다가 그대로 잠들기도 하고, 휴일에는 방전된 배터리처럼 침대에서 일어나지 못하기도 한다.

체력이 떨어지면서 찾아오는 건 통증이다. 시간이 지나면서 몸 여기저기에서 비명을 지른다. 손가락, 팔꿈치, 무릎, 허리. 안 아픈 곳을 찾는게 더 빠를 정도다. 특히 생수 배송이나 무거운 물품을 다루는 경우 손가락 관절이 붓고, 팔꿈치가 쑤시고, 허리가 끊어질 듯한 통증을 견디기도 한다. 처음 겪는 통증 앞에서 많은 이들이 자기 의심에 빠진다.

'내가 과연 이 일을 계속할 수 있을까?'

파스를 붙여도 통증은 가라앉지 않고, 잠을 자다가 욱신거림 때문에 깨기도 한다.

생수 배송기사 이재영(가명) 씨가 남긴 2개월 차 후기에는 그 인고의 시간이 생생하게 녹아 있다.

처음 시작할 때만 해도 잘할 수 있을까 걱정되는 마음이 컸는데 이제는 배송 노선도 다 익히고 카카오맵 없이도 배송하는 데 문제없을 만큼 익숙해진 것 같습니다.

하지만 1개월 차 때는 허리와 팔꿈치에 파스를 붙여가며 고생 좀 했습니다. 팀장님 말씀대로 정말 군대를 다시 온 것 같은 느낌도 들었고요. 2개월 차가 되어서는 몸이 차츰 익숙해져 물량을 더 많이 소화할 수도 있게 되었습니다. 처음 일을 시작할 때 걱정했던 부분들은 이제 쓸데없는 걱정이었다는 생각이 들 정도입니다.

배송 초기에 가장 힘든 점은 체력 그 자체보다 '익숙하지 않음'이다. 몸이 아직 배송의 리듬을 모르기 때문에 같은 물량도 훨씬 버겁게 느껴진다. 미숙한 노선 파악은 불필요한 계단 보행을 늘리고, 하루를 끝이 보이지 않는 긴 터널로 만든다. 그러다 보면 퇴근 시간이 자정을 넘기는 일도 예사다.

더구나 이런 상태에서 명절을 맞는다는 건 그야말로 재앙에 가깝다. 실제로 초보 배송기사들에게 가장 강력한 변수는 명절이다. 물동량이 급증하는 이 시기에는 평소보다 배가 넘는 물량이 해일처럼 밀려온다. 노선이 완전히 익지 않은 상태에서 받는 압박감은 상상을 초월한다.

명절의 '공포'를 생생한 후기로 남긴 최규성(가명) 씨의 이야기를 들어보자.

일을 시작하고 얼마 안 돼 추석 연휴를 맞았습니다. 배송해야 할 물량은 산더미인데 차마저 고장이 났습니다. 저 자신을 길에다 버려버리고 싶을 만큼 너무 힘들었습니다. 같이 일하시는 분들도 하필왜 지금 들어왔냐고 하시더군요. 노선이 익숙하지 않은 상황에서 300개나 되는 물량을 소화해야 했습니다. 자정을 넘겨 일하느라 매일 3~4시간밖에 못 잤습니다. 며칠 동안 애들 얼굴을 못 볼 정도였습니다. 발바닥은 물론이고 발가락에도 물집이 터져 절뚝거리면서 일했습니다.

그래도 주변에서 많이 도와주고 용기도 주셔서 지금까지 잘 버티고 있습니다. 이제 80% 정도는 주소만 봐도 알고, 발에도 굳은살이 생겨 많이 편해졌습니다. 명절을 이겨내니 250개 정도는 쉽게 소화할 수 있게 됐습니다.

최규성 씨의 말처럼 우리 몸은 생각보다 환경에 빠르게 적응한다. 이 구간을 지나면 통증은 잦아들고, 몸은 업무 최적화 상태로 세팅된다. 근육이 생기고, 동선이 최적화되고, 뇌와 근육이 일과 동기화되기 시작한다.

그렇다면 추석 명절의 공포를 온몸으로 겪었던 최규성 씨는 몇 달 뒤 다가온 설 명절을 과연 어떻게 보냈을까?

작년 늦여름에 시작해 추석을 보내고 설날 명절까지 버티고 나니 어느덧 꽃이 피는 봄을 앞두고 있습니다. 벌써 6개월이라는 시간이 지났다고 하니 바쁘게 잘 살아왔다는 생각입니다. 아직도 작년 추석에 겪은 공포를 잊을 수가 없지만, 이젠 옛일이 되었습니다.

지난 설 명절에는 웃으면서 일했습니다. 지금은 루트를 잘 설계하고, 적재도 요령껏 해서 오배송 없이 보통 1시간에 40개를 배송하는 듯합니다. 보통 10~11시쯤 출발하면 빠르면 4~5시에 퇴근해 푹 쉽니다. 초보 시절 새벽 1시까지 일했던 걸 생각하면 정말 격세지감이 느껴집니다. 이제는 애들 얼굴도 보고 같이 저녁 준비해서 먹으며 건강한 삶을 보내고 있습니다.

숙련된다는 것은 더 이상 힘들지 않다는 뜻이 아니다. 고통의 질이 바뀌는 것이다. 감당할 수 없는 혼란이 통제 가능한 변수로 바뀌는 순간 비로소 자신감이 생긴다. 초반 3개월은 바로 그 자신감을 만들어내는 시간이다. 이 시간을 통과하지 못하면 배송업은 영원히 고된 노동으로 남고, 이 고비를 넘으면 비로소 사업의 길이 열린다. 그리고 그때부턴 성장에 대한 확신이 생긴다. '배송이 삶의 일부가 되어 가고 있다'는 한 가전 설치 기사의 후기가 큰 울림을 주는 이유가 여기에 있다.

가전 설치 기사로 일한 지 어느덧 4개월이 되어 갑니다. 처음 일을 시작했을 때는 모든 것이 낯설었습니다. 공구를 다루는 법부터 현장의 분위기까지, 하루하루가 긴장의 연속이었습니다. 두 달쯤 지나자 이제는 조금 적응한 것 같다는 자신감이 생기기도 했습니다. 하지만 다양한 설치 환경을 경험하면서, 그 생각이 결코 충분하지 않았다는 걸 깨닫게 되었습니다.

두 달까지는 눈앞의 일 하나하나에 집중하며 버텨내는 느낌에 가까웠다면, 석 달이 지나면서부터는 현장마다 달라지는 변수와 상황에 어떻게 대응하느냐가 훨씬 중요해졌습니다. 설치 환경도, 고객의 요구도 매번 다르고, 예상치 못한 문제들이 수시로 발생합니다. 이 일을 하며 몸으로 느끼게 된 건, 가전 설치는 최소 3~6개월은 지나야 비로소 '현장'을 이해하게 되는 일이라는 사실이었습니다.

최근에는 설치 일정이 몰리면서 바쁜 날들이 이어지고 있습니다. 늦은 밤이 되어서야 집에 들어가는 날도 적지 않습니다. 그런데 신기하게도 예전처럼 힘들기만 하지는 않습니다. 하루의 흐름이 점점 익숙해지고, 설치 과정 하나하나가 제 일상의 일부처럼 자연스럽게 느껴지기 시작했습니다. 손에 익고 몸이 먼저 반응하면서, 일에 대한 자신감과 안정감이 조금씩 쌓여가고 있음을 느낍니다.

물론 여전히 예상치 못한 상황은 생기고, 체력적으로 힘든 날도 있습니다. 하지만 그만큼의 보상과 만족이 뒤따른다는 것도 알게 되었습니다. 무엇보다 스스로 성장하고 있다는 확신이 생겼습니다.

이제 가전 설치는 단순히 생계를 위한 일이 아니라 제 삶의 한 부분이 되어 가고 있습니다. 앞으로도 꾸준히 배우며 초심을 잃지 않고, 더 나은 루트매니저로 성장해 가고 싶습니다.

마음을 무너뜨리는 돌발 변수, 사고의 트라우마

체력도 버텨냈고, 길도 익혔다. 그런데 예상치 못한 순간에 복병처럼 찾아오는 것이 있다. 바로 사고다. 트럭 운전이 익숙지 않은 초보들은 실제로 자잘한 사고를 낸다. 이 한 번의 사고로 그동안 공들여 쌓아온 마음이 한순간에 무너지기도 한다.

군사시설에서 근무한 경력이 있는 30세 여성 배송기사 전미영(가명) 씨가 바로 그런 경우였다. 미영 씨는 첫눈에도 강인한 인상이었다. 90kg이 넘는 장비도 들 수 있다며 결의를 불태웠던 그녀는 첫 달에 우수한 성과를 냈고, 월 500만 원 목표를 향해 거침없이 나아가는 듯 보였다.

하지만 안타깝게도 일을 시작한 지 두 달째 되던 날 차량 접촉 사고가 났다. 누구도 다치지 않고 차량이 살짝 긁히는 경미한 사고였지만, 그녀는 심리적인 타격을 입고 즉시 그만두겠다는 의사를 전해왔다.

"돈 벌려고 시작한 일인데, 이러다 빚만 지고 나갈 거 같아요."

보험에 가입되어 있어도 이런 사고가 나면 어쩔 수 없이 자기부담금이 발생한다. 이 사고의 경우 자기부담금이 30만 원 정도였다. 이제 첫 월급을 받은 그녀에겐 분명 큰 금액이었다. 하지만 그녀를 포기하게 만든 건 당장의 돈이 아니었다. 앞으로 계속 이런 일이 반복될 것 같다는 두려움과 자책이다.

좁은 골목에 차가 끼이거나 담장을 긁는 사고는 초보 시절 흔히 겪는 시행착오다. 이를 대비해 보험 제도가 존재하지만, 현실로 닥치면 이성적인 계산보다 감정적인 동요가 앞서기 마련이다. 분할 공제 같은 해결책이 있어도 한번 꺾인 마음을 되돌리기는 쉽지 않다. 5년 안에 내 집 마련을 하겠다던 그녀의 의욕은 그렇게 한 번의 사고로 멈춰 서고 말았다.

물론 이런 사고가 없어도 며칠 만에 포기하는 이들도 많다. 핑계는 다양하지만 본질은 하나다. 현실의 무게가 예상보다 무거웠다는 것이다.

"집에 일이 생겨서요."

"몸이 안 좋아서요."

실제로 배송업은 고된 일이만, 그 고비를 넘기고 자신의 삶을 개척한 2,400명이 넘는 루트매니저들이 있다.

어떤 조언보다도 힘이 될 한 가구 배송기사의 후기를 소개한다.

가구 배송한 지 6개월이 다 되어 가네요. 생수 배송을 하려고 했는데 김이화 팀장님이 제 이전 경력을 보시고 가구 조립 배송을 추천해 주셨어요.

처음 동승 교육을 받는 날, 무거운 박스를 1톤 확장 트럭에 꽉꽉 채워 싣는데 앞이 캄캄하더군요. '저 많은 걸 다 싣고 언제 조립해서 집에 갈 수 있을까'라는 생각이 들었습니다. 다 끝내고 집에 들어가니 밤 11시더군요. 한동안 너무 힘들었습니다.

그렇게 일주일째 출근하던 날, 눈이 엄청 내렸습니다. 길가에 차 세워놓고 10분 정도 고민했습니다.

'눈도 오는데 사고 나면 어쩌지?'

'하루쯤 쉬어도 되지 않을까?'

그렇게 한참을 망설이다 마음을 고쳐먹고 결국 출근했습니다. 지금 생각하면 그때가 첫 번째 고비였던 것 같습니다. 그때 포기했다면 지금쯤 어딘가에서 200~300만 원 받으며 일하고 있겠죠. 생각만 해도 끔찍합니다.

지금은 조립도 익숙해졌고, 좋은 동료들도 많아서 즐겁게 일하고 있습니다. 수입도 만족할 만큼 받고 있고요. 여러분도 고비가 오거든 꼭 버티세요.

버티는 사람이 성공한다

인간은 누구나 흔들린다. 그러나 한 번 마음을 굳힌 순간, 그 의지는 때로 상상 이상으로 멀리 우리를 데려다준다. 인류 최초로 에베레스트를 정복한 에드먼드 힐러리는 "정복해야 할 대상은 산이 아니라 결국 나 자신이었다"고 말했다. 혹한과 저산소의 공포 속에서도 한 걸음을 더 내디딘 그의 힘은 거창한 영웅심이 아니라 '한 걸음 더 내딛어보자'는 인내에서 비롯됐다. 배송 현장도 이와 다르지 않다. 거창한 결의가 아니라 비가 오나 눈이 오나 '오늘 하루 더 버텨보자'고 마음을 다지는 그 순간부터 시작된다.

배송 창업의 성패는 장비나 제도보다 멘탈에서 갈린다. 첫 번째 여름과 겨울을 나고, 첫 번째 사고를 수습하고, 첫 번째 포기하고 싶은 유혹을 뿌리치면 그 뒤에는 전혀 다른 세계가 기다리고 있다. 이 책이 전하고 싶은 메시지도 결국 하나다. 배송업은 결코 만만하지 않지만, 각오가 되어 있는 사람에게 배송업은 다른 어떤 일보다 삶을 바꿀 확실한 기회가 될 수 있다는 것이다.

성장:
수익 극대화하기

반복해서 할 때

그것은 우리 것이 된다.

우수함은 행위가 아니다.

습관이다.

_ 윌 듀란트

적응의 시간이 지나면 배송업은 그 전과는 전혀 다른 얼굴을 드러낸다. 같은 트럭을 몰고, 같은 물건을 나르는데, 누군가는 여전히 하루를 버텨내고, 누군가는 하루를 설계한다. 이 차이는 단순히 체력에서 비롯

되지 않는다. 속도와 요령, 그리고 일을 대하는 태도에서 갈린다.

배송업을 어느 정도 버텨낸 사람들 사이에서 종종 이런 이야기가 오간다.

"이 일, 생각보다 돈 되는데."

실제로 1톤 배송으로도 1,000만 원에 가까운 월수입을 올리는 배송기사가 적지 않다. 물론 아무나 도달할 수 있는 숫자는 아니다. 그렇다고 운이 좋아서, 유독 좋은 구역을 배정받아서 가능한 일도 아니다. 같은 구역에서도 수익 격차는 벌어진다. 현장에서 오래 지켜보면 이들 사이에는 몇 가지 분명한 공통점이 있다.

월 1,000만 원 이상의 수익을 올리는 배송기사 가운데는 엘리베이터를 선호하지 않는 경우가 있다. 초보자들은 대개 아파트 배송을 선호할 수밖에 없다. 엘리베이터로 한 번에 많은 물량을 처리할 수 있어 몸이 덜 힘들 것 같기 때문이다. 하지만 수익을 극대화하는 배송기사들은 정반대다. 왜일까? 아파트는 몸은 편할 수 있지만, 시간이 오래 걸리기 때문이다. 엘리베이터를 기다리는 시간마저 아깝게 생각하는 것이다. 그래서 엘리베이터를 이용하지 않고 굳이 계단을 이용하는 배송기사도 있다. 이런 사람들은 아파트보다 오히려 일반 주택을 선호한다. 일반 주택은 계단을 오르내려야 하고, 뛰어다녀야 하지만, 대신 속도가 나온다. 언뜻 들으면 무모해 보이지만, 이들은 알고 있는 것이다. 배송에서 가장 먼저 줄여야 할 건 체력이 아니라 시간이라는 사실을.

땀 흘린 만큼 벌고, 우아하게 쉰다

빠른 배송기사들은 배송을 '노동'이 아니라 '레이스'처럼 관리한다. 지도를 확대해서 보고, 동선을 줄일 방법을 고민한다. 어떻게 움직여야 한 번 덜 오르고, 한 번 덜 돌아갈 수 있는지 계산한다. 어떤 기사들은 자신이 맡은 지역의 지도를 출력해 방 벽에 붙여놓는다. 집에서 루트를 계속 그려보고, 습관처럼 머릿속으로 동선을 복기한다. 마치 연구하듯 일하는 사람들이다.

이런 노력은 겉으로는 잘 드러나지 않는다. 그러나 이 남모를 시간이 쌓여 월 1,000만 원이라는 숫자를 만든다. 말은 쉽지만, 1톤 배송, 특히 택배 계열의 일로 그 정도 수익을 내려면 결국 몸과 시간을 함께 갈아 넣어야 한다.

그런데 속도는 타고나는 것이 아니다. 반복 속에서 만들어진다. 청주에서 근무하는 한 4년 차 생수 배송기사는 주소를 확인할 때 어플을 그대로 믿지 않는다. 먼저 큰 도로를 기준으로 위치를 파악하고, 그다음 세부 주소를 좁혀간다. 지도에서 '몇 번길'을 기준 삼아 자기만의 최적

동선을 머릿속에 그려보는 방식이다. 처음에는 번거롭지만, 익숙해지면 배송 속도가 눈에 띄게 빨라진다.

그는 이 과정을 '일의 근육'을 만드는 과정이라고 표현했다. 헬스장에서 키운 근육과 현장에서 생기는 근육은 다르다는 이야기다. 배송 근육은 반복 속에서 만들어진다. 근육이 붙으면 일은 확실히 쉬워진다. 몸이 기억하고, 손이 먼저 움직인다. 그러면 체력 소모는 줄고, 효율은 올라간다. 배송이 관리 가능한 일이 되는 순간이다.

처음엔 힘들지만 미래는 달콤하다

속도가 붙고 일이 안정되면, 배송업은 또 한 번의 변곡점을 맞는다. 이 단계에 들어선 기사들은 더 이상 '얼마나 힘들었는지'를 말하지 않는다. 대신 하루를 어떻게 설계했는지를 이야기한다.

한 가구 조립 배송기사는 자신의 현재를 이렇게 표현했다.

"지금까지 해본 일 중에서 제일 만족도가 좋아요."

제조업 공장, 운수업, 직업 군인까지 여러 일을 거쳐온 그는 지금의 배송 일이 가장 잘 맞는다고 했다. 이유는 뭘까?

"시간이 자유롭고, 일한 만큼 수입이 정직하게 따라오잖아요."

이 배송기사가 반복해서 강조한 건 사업자 마인드였다.

"이건 회사원으로 하는 일이 아니라 개인 사업자로 하는 일이에요."

시키는 대로만 움직이면 그 자리에 머무르지만, 하나를 더 배우고 한 제품을 더 맡겠다고 마음먹는 순간, 그 선택이 곧바로 자신의 매출로 이어진다는 설명이다. 그는 배송 일을 하면서 점점 개인 사업자라는 감각이 생겼다고 말했다.

그는 최대 월 1,100만 원까지 매출을 찍기도 했다. 초보 시절엔 새벽 다섯 시에 출근해 저녁 여덟아홉 시까지 움직여야 가능한 벌이다. 하지만 정착을 지나 성장 단계에 들어서면, 일의 속도가 눈에 띄게 빨라진다. 자연스럽게 새벽까지 하던 일을 해가 지기 전에 끝내게 된다.

일이 익숙해지면서 그의 하루 리듬도 달라졌다. 평균 퇴근 시간은 오후 4~5시.

"물량이 늘어나면 오히려 지역이 더 촘촘해져 이동 시간이 줄어드는 경우도 있어요."

이 배송기사 외에도 실제로 물량 300개 정도를 오전 안에 끝내고 오후에는 쉬는 이들도 허다하다. 남은 시간은 온전히 자기 몫이다. 그러면 저녁이 있는 삶이 시작된다. 그때부터 삶의 풍경이 달라진다.

성장 단계에서 배송은 더 이상 버티는 일이 아니다. 속도와 요령을 통해 수익을 관리하고, 그 결과로 시간을 되찾는 단계다. 배송은 목적이 아니라 수단이 된다. 돈과 시간을 동시에 만들어내는 기반, 그리고 다음 선택을 가능하게 하는 발판. 이 지점에 도달했을 때, 배송업은 단순한 노동을 넘어 삶의 판을 바꾸는 도구가 된다.

남는 시간을 허투루 쓰지 않는 배송기사들도 있다. 배송 일을 하면서 온라인 사업을 병행하거나, 자신이 오래전부터 하고 싶었던 일을 조금씩 준비한다. 물론 하루아침에 성과가 나오는 건 아니다. 하지만 시간이 꾸준히 쌓이면 방향이 만들어진다. 직장인보다 두 배 이상을 벌 수 있는 구조이기 때문에 돈을 흘려보내지 않고 모으면 그 자체로 강력한 종잣돈이 된다.

배송업에서의 성장은 더 많이 참는 것이 아니다. 더 잘 계산하고, 더 빨리 끝내고, 그 결과로 자신이 원하는 시간을 확보하는 것이다. 이 단계에 이르면 배송은 더 이상 삶을 잠식하지 않는다. 오히려 다음 선택을 가능하게 만드는 자본이 된다.

확장:
노동에서 관리로 업그레이드하기

장인은 더 오래 일하기 위해,

더 적게 힘을 쓰는 법을 배운다.

_ 리처드 세넷

배송업에 정착해 수익을 극대화하는 단계에 이르면, 통장에 찍히는 숫자가 제법 든든해지는 시기가 온다. 고생한 보람을 느끼며 남들이 부러워하는 고소득자의 반열에 오른 것이다. 하지만 이 기분 좋은 성취감 뒤편으로 마음 한구석에는 조용히 걱정이 고개를 들기도 한다.

'이 일을 언제까지 내 몸으로만 감당할 수 있을까?'

아주 현실적이고도 절박한 물음이다. 배송은 정직한 노동이다. 하지만 그 정직함이 때로는 한계가 되기도 한다. 내 시간과 체력을 쏟아부어야만 수입이 발생하는 구조이기 때문이다.

분야마다 차이는 있겠지만, 몸을 가장 많이 쓰는 생수 배송은 보통 3년 정도가 고비다. 허리와 관절이 먼저 신호를 보내기 시작한다. 일반 택배는 상황이 조금 낫다. 처음 몇 년은 힘들지만, 동선이 익숙해지고 일의 요령이 쌓이면 5년, 10년까지도 이어가는 사람이 있다. 하지만 일반 택배도 10년쯤 지나면 몸 여기저기서 신호를 보내기 마련이다. 가구 조립 배송의 경우는 이 기간이 더 연장되고, 화물 운전의 경우에는 70세 초반까지도 일하는 사람이 있지만, 결국 나이가 들어갈수록 남는 인원은 줄어들 수밖에 없다.

그래서 현명한 배송기사들은 그다음 단계를 미리 준비한다. 노동의 강도는 낮추고 수익의 질은 높이는, '확장'의 시간이다. 배송업에서 말하는 확장은 거창한 변신이 아니다. 크게 보면 두 갈래다. 하나는 몸을 쓰는 노동에서 한 발짝 떨어져 사람과 구조를 관리하는 쪽으로 이동하는 것, 다른 하나는 차량의 톤 수를 키워 노동의 성격 자체를 바꾸는 것이다.

뛰는 사람에서 설계하는 사람으로

이 책의 첫머리에서 만났던 안정우(가명) 씨를 다시 떠올려보자. 그는 현재 20여 대의 차량을 관리하는 대리점 소장으로 우뚝 섰지만, 5년 전 처음 만났던 그의 모습은 지금과는 사뭇 달랐다. 지입 사기의 문턱에서 겨우 살아 돌아와 생수 배송으로 첫발을 떼었다. 혹독한 현장에서 묵묵히 버틴 그는 2년 만에 팀장이 되었고, 5년이 흐른 지금은 권리금 1억 원이 넘는 대리점을 인수해 '소장'이라는 경영자의 자리에 올라섰다. 그는 단순히 운전대를 잡는 기사를 넘어 이 일을 하나의 사업으로 바라보고 시스템을 구축해낸 상징적인 인물이다.

안정우 씨의 사례는 배송업이 왜 평생 운전만 해야 하는 일이 아닌지를 단적으로 보여준다. 현장에서 익힌 물류의 흐름, 그리고 사람을 대하는 노하우가 쌓이면 기사는 자연스럽게 관리자의 영역으로 진입하게 된다. 처음에는 자신의 물량을 완벽히 소화하는 것에 집중하지만, 숙련도가 올라가면 점차 주변 동료들의 노선이 보이고 센터 전체의 물동량이 읽히기 시작한다. 이때부터 배송기사는 단순히 짐을 나르는 노동자에서 현장의 변수를 제어하고 효율을 설계하는 운영자로 진화한다.

결국 관리자로의 확장은 직접 몸으로 뛰는 노동의 단계를 지나, 자신이 만든 경험과 노하우를 바탕으로 기사들을 교육하고 노선을 최적화하는 시스템을 운용하는 경영의 단계로 올라서는 과정이다. 개인의 체력은 한계가 있지만, 내가 구축한 시스템과 그 안에서 함께 일하는 팀의 에너지는 한계가 없다. 내 몸이라는 단 하나의 자산에만 의존하던 수익 구조를 사업적 시스템으로 바꾸는 것, 즉 '나의 시간'을 파는 것이 아니라 '나의 노하우'를 시스템화해 수익을 창출하는 것이 바로 관리자 진화의 본질이자 확장의 핵심이다.

체급의 변화가 가져오는 삶의 가성비

안정우 씨처럼 관리자로 나아가는 길이 있는가 하면, 현장에서 일의 성격을 바꾸는 확장도 있다. 바로 차의 체급을 키우는 '증톤'이다. 1톤 탑차로 좁은 골목을 누비던 경험을 발판 삼아 5톤, 14톤 등의 큰 차로 옮겨가는 과정이다.

많은 초보 배송기사들이 오해한다. 톤 수가 커지면 일이 더 힘들어질 거라고. 하지만 현장은 반대다. 톤 수가 커질수록 배송은 택배에서 운송에 가까워진다. 처음엔 집채만 한 차를 모는 것이 막연히 두렵게 느껴질 수도 있지만, 사실 이건 내 몸을 더 아끼고 보호하기 위한 아주 영리한 선택이다.

증톤을 하면 몸이 왜 편해질까? 1톤 배송은 대개 하루에도 수백 번 차를 오르내리며 짐을 직접 싣고 날라야 하는 노동 집약형 업무다. 비가 오면 비를 맞고, 눈이 오면 미끄러운 길을 뛰어야 할 때도 많다. 반면 5톤 이상의 대형 화물은 업무 성격이 전혀 다르다. 하루에 2~4군데의 큰 물류 거점만 들러 짐을 내려주면 된다. 업무 시간의 95% 이상이 운전이라 무릎과 허리를 쓸 일이 획기적으로 줄어든다. 노동의 가성비가 훨씬 좋아지니, 배송기사로서의 수명을 비약적으로 늘릴 수 있는 확실한 방법이다.

20년 넘게 배송 현장을 지켜온 50대 후반의 베테랑 배송기사 강용균(가명) 씨의 사례는 이 증톤의 효용을 생생하게 보여준다. 그는 택배로 시작해 8톤 차량을 2~3년간 운행한 이 분야 베테랑 전문가다. 그런 그가 인생의 후반전을 위해 선택한 것이 바로 14톤 간선 배송이다.

50대 후반이라는 적지 않은 나이에 1억 원이 조금 넘는 신차 가격이 부담스러울 법도 했지만, 그는 과감하게 투자한 이유를 이렇게 설명했다.

"식당이나 치킨집을 창업했다가 망하면 인테리어비고 권리금이고 다 사라지지만, 화물차는 나중에 중고로 팔아도 차값이 남잖아요. 이건 돈을 날리는 게 아니라 가장 안전한 자산에 저축하는 거죠."

그는 직접 일감을 찾아 헤매며 운임 경쟁을 벌이는 불안한 프리랜서

의 삶 대신, 안정적으로 물량을 공급해주는 든든한 파트너사를 선택했
다. 대형 차량일수록 고정 지출이 크기 때문에 일감이 끊기지 않는 것이
무엇보다 중요했기 때문이다. 덕분에 그는 이제 예전처럼 숨 가쁘게 뛰
어다니지 않고도 여유롭게 운전하며 안정적인 수익을 올리고 있다.

하지만 증톤의 장점이 큰 만큼 그 과정에서 마주하는 위험도 만만치
않다. 체급을 키우려는 기사들의 열망을 이용한 지입 사기가 여전히 기
승을 부리고 있기 때문이다.

실제로 우리 회사에서 새벽 배송을 1년 가까이 성실히 해온 한 기사
가 있었다. 일이 익숙해지고 수입도 안정되자 그는 증톤을 위해 회사를
옮겼다. 대형 화물을 하는 지인이 "지금이 기회"라며 등을 떠밀었던 모
양이다. 문제는 그다음이었다. 차량을 계약하고 나서야 정상 시세보다
2,000만 원가량 비싸게 샀다는 사실을 알게 된 것이다. 전형적인 지입
사기였다.

뒤늦게 상황을 파악한 그는 나에게 전화를 걸어왔다. 이미 계약은 끝
난 뒤였고, 혼자 감당하기에는 부담이 큰 금액이었다. 다행히 우리 회사
에서는 이런 경우를 대비해 자문 변호사 연계 서비스를 제공하고 있다.
이미 회사를 옮긴 뒤였지만, 우리는 사정을 외면하지 않았다. 한번 인연
을 맺은 사람은 끝까지 함께 간다는 원칙 때문이었다.

자문 변호사를 연결해 주고 나서야 그는 한숨을 돌릴 수 있었다. 이후 그는 미안한 기색이 역력한 얼굴로 이렇게 말했다.

"배송인그룹을 통해서도 충분히 할 수 있었는데, 지인이라서 더 잘해 줄 줄 알고 성급한 판단을 내렸어요. 그 선택이 저를 이렇게 힘들게 할 줄은 몰랐어요."

여기서 명심해야 할 점이 있다. 톤수가 커질수록 회사의 안정성은 더욱 중요하다는 사실이다. 최근 운영 미숙으로 무너지는 대형 화물 업체들이 많은 만큼, 안정적인 일감을 제공해줄 회사를 선별하는 안목이 증톤 성공의 핵심이다.

배송업을 '몸이 고되니 잠깐 하고 말 일'이라고 생각하면 거기서 멈춘다. 하지만 시야를 조금만 넓히면, 배송 현장은 단순히 물건을 나르는 곳이 아니라 진정한 물류 사업가로 성장하는 가장 생생한 학교가 된다. 기사로 뛸 때는 현장의 디테일을 몸으로 익히고, 숙련된 뒤에는 그 노하우를 바탕으로 안정우 씨처럼 관리자가 되거나 강용균 씨처럼 증톤을 통해 자신의 가치를 높이면 된다.

여기서 한 단계 더 나아가는 사람들도 있다. 증톤 이후 안정적인 루트를 확보하면, 같은 노선에 대형 톤수 차량을 추가로 투입하고, 그 자리에 월급제 기사를 고용하는 방식이다. 본인은 전체 흐름과 일정만 관리하고, 실제 운행은 기사가 맡는다. 이렇게 되면 노동에서 한발 물러나면서도 수익은 쌓인다. 증톤의 진짜 의미는 단순히 차를 키우는 데 있는 것이 아니라, 자신의 자리를 노동에서 관리로 한 단계 위로 옮기는 데 있다. 그동안 정직하게 쌓아온 경험을 발판 삼아 더 효율적으로 일하고 더 우아하게 수익을 거두는 법을 찾아가는 과정이다.

지금 흘리는 땀방울은 단순히 오늘의 일당을 위한 것이 아니다. 그것은 내일의 시스템을 만들어줄 소중한 씨앗이다. 조금 더 멀리, 조금 더 넓게 바라보자.

졸업:
배송 이후의 삶 설계하기

사람들은 흔히 배송업을 '막다른 길' 혹은 어쩔 수 없이 선택한 인생의 '종착점'이라고 생각한다. 한 번 들어오면 다른 선택지가 없고, 결국 몸이 버틸 때까지만 할 수 있는 일이라는 인식 때문이다. 하지만 현장에서 오래 지켜본 결과 배송업은 목적지가 아니다. 오히려 다음 단계로 넘어가기 위한 디딤돌이자 그들이 원하는 진짜 꿈의 장소로 데려다줄 가장 튼튼하고 정직한 운송 수단에 가깝다.

실제로 배송을 발판 삼아 다른 길로 옮겨간 사람들이 적지 않다. 어떤 이는 목표했던 자금을 모아 오래 꿈꿔온 일을 시작했고, 어떤 이는 배송을 하며 관찰한 시장을 기반으로 전혀 다른 사업에 도전했다. 이들은 배송 세계를 떠났지만, 배송이 만들어준 시간과 자본, 그리고 시야는 그대로 가져갔다. 무엇보다 몸에 밴 성실함과 끈기가 자산으로 남는다. 자신만의 진짜 인생을 향해 당당히 졸업장을 던진 사람들의 이야기는 우리에게 소중한 이정표가 된다.

꿈의 종잣돈을 만든 열정맨의 1,300일

얼마 전 휴대폰 화면에 반가운 이름이 떴다. 우리 회사에서 생수 배송을 했던 문규영(가명) 씨였다.

"팀장님, 저 드디어 카센터 차렸습니다. 한번 놀러 오세요."

수화기 너머로 들려오는 그의 목소리는 그 어느 때보다 활기찼다. 가슴 한구석이 뭉클해졌다. 그는 처음부터 유난히 눈에 띄는 사람이었다. 무엇보다 그는 배송을 시작할 때부터 목표가 명확했다.

"돈 열심히 모아서 카센터 차리고 싶어요."

당시 서른 중반이었던 규영 씨는 그야말로 미친 듯이 일했다. 보통의 생수 배송기사가 하루 평균 250개 내외를 처리할 때, 그는 400개 이상을 거뜬히 해치웠다. 동료 기사들이 그를 보며 "쟤는 사람도 아니야"라며 혀를 내두를 정도였다. 미련하게 보일 만큼 일했고, 말없이 버텼다. 그에게는 단순한 배달이 아니라 '내 가게의 벽돌을 한 장씩 쌓는 과정'이었기 때문이다. 월트 디즈니가 말하지 않았던가. "꿈을 이룰 수 있는 유일한 방법은 말을 멈추고 행동을 시작하라"고.

3년 반. 그가 생수 배송으로 모든 돈은 2억 원이었다. 숫자로 보면 단순하지만, 계산해 보면 전혀 그렇지 않다. 1년에 6,000만 원 이상을 저축해야 가능한 금액이다. 그리고 그는 자신의 꿈을 이루기 위해 목표를 달성한 후 당당히 배송업을 떠났다. 그는 배송업이라는 플랫폼을 극한으로 활용해 자기 인생의 주도권을 되찾아온 승리자다.

그가 여기까지 올 수 있었던 데에는 배송인그룹의 교육 지원도 큰 몫을 했다. 돈을 모았다고 해서 자영업이 저절로 굴러가는 건 아니다. 가게를 여는 순간부터 운영, 관리, 위기 대응까지 전혀 다른 세계가 펼쳐진다. 문규영 씨는 배송 일을 하며 틈틈이 가게 운영과 관련된 교육을 하나씩 준비했다. 배송인그룹의 라이프케어 서비스로 제공되는 5,000개 이상의 교육 가운데, 창업과 운영에 필요한 강의를 무료로 들으며 자신만의 준비 기간을 만들어갔다. 그렇게 그는 돈만 들고 자영업의 전장에 뛰어든 것이 아니라, 배울 수 있는 건 미리 다 배운 상태로 자신의 가게 문을 열었다. 그래서 그의 1,300일은 단순히 돈을 모은 시간이 아니라, 꿈을 실행 가능한 계획으로 바꾼 시간이기도 했다.

땀 속에 숨겨진 기회의 코드를 읽어라

문규영 씨의 이야기가 유난히 강렬하게 느껴질 수는 있다. 하지만 배송을 통해 다음 삶으로 이동한 사람이 비단 그만은 아니다. 현장에는 각기 다른 방식으로 출구를 준비하는 사람들이 있다. 어떤 이는 목표 자금을 모아 오래 미뤄두었던 일을 시작하고, 어떤 이는 배송을 하며 세상의 작동 방식을 배운다.

얼마 전 유튜브 인터뷰를 위해 만난 지철민 대표의 이야기가 그랬다. 배송으로 시작해 연매출 40억 원의 온라인 수산물 유통회사를 일군 그의 이야기는 또 다른 감동을 준다. 배송업을 인생의 지렛대 삼아 자신의 세계를 확장했다는 점에서 그는 내가 추구하는 졸업의 완벽한 모델이었다.

그의 시작은 평범한 취업 준비생이었다. 우연히 물류센터에 발을 들였다가 친구의 권유로 택배 영업소 일을 시작한 그는 부모님을 설득해 1,000만 원 남짓한 중고 탑차 한 대를 구입해 과감히 배송 현장에 뛰어들었다. 당시의 택배는 지금보다 훨씬 정직하고도 거친 세계였다. 특히 시골 지역은 고구마나 김치 같은 무거운 농산물 짐의 양이 많았고, 요즘처럼 한 차로 끝나는 게 아니라 물량을 소화하기 위해 끊임없이 센터를 오가야 했다.

하지만 지 대표는 핸들을 잡고 있는 시간 내내 단순한 배달원이 아닌 철저한 '관찰자'가 되기를 선택했다. 그는 오늘 배달하는 물건이 어디서 오는지, 어떤 업체들이 온라인에서 물건을 잘 파는지 유심히 살폈다. 이러한 관찰은 온라인 판매의 트렌드 변화를 남들보다 한발 앞서 읽게 해 주었다.

"모든 사업의 첫 단계는 생각을 바꾸는 것입니다. 배달로 끝내겠다고 생각하면 거기서 멈춰요. 그 위에 무엇을 얹을지 고민하는 순간 다음이 보이기 시작합니다."

그는 택배 수입이 안정적으로 뒷받침될 때 관찰한 데이터를 바탕으로 온라인 수산물 유통이라는 새로운 영역을 개척하기 시작했다. 온라인 판매는 시작은 쉽지만 제대로 된 첫 매출을 내기가 상당히 어렵다. 광고비 경쟁은 치열하고 성과가 나오기까지 시간이 필요하다. 대부분 이 시기에 포기하지만, 지 대표는 택배라는 든든한 본업 수입이 있었기에 1년 이상의 무수익 구간을 꾸준함으로 버텨낼 수 있었다.

결국 그는 배달이라는 노동의 틀을 깨고 나와 완도를 대표하는 수산물 유통 사업가로 변신했고 10년 넘게 사업체를 안정적으로 키워나가고 있다.

그는 이제 갓 시작하는 후배 배송인들에게 이렇게 조언했다.

"지금 당장 짐을 나르는 이 시간이 내 사업의 밑거름이라고 믿으세요. 배송은 단순히 물건을 나르는 행위가 아니라 비즈니스 감각을 깨워줄 가장 생생한 실전 현장입니다."

인생의 다음 단계를 위한 마지막 퍼즐

배송은 지금 당장 적은 자본으로 빠르게 현금을 만들기에 더없이 좋은 수단이다. 그래서 더더욱 중요한 건, 이 일을 어떻게 정의하느냐다. 잠시 숨을 고르는 생계 수단으로 볼 수도 있고, 다음 단계를 준비하는 발판으로 삼을 수도 있다. 나는 배송기사들이 평생 무거운 짐을 나르는 일만 하기를 원치 않는다. 정신없이 땀으로 돌아가는 하루에도 틈을 내어 미래를 생각했으면 한다.

'이 다음엔 무엇을 할 것인가'

이 질문에 답할 수 있는 도구를 제공하자는 고민 끝에 만들어진 것이 무제한 교육 수강권이다. 우리 회사는 2025년 4월부터 멤버십 회원을 대상으로 무제한 수강권이라는 특별한 혜택을 제공한다. 영어, 이커머스, 온라인 창업, 부동산, 재테크는 물론이고, 가족 관계와 멘탈 관리까지 포함된 5,000여 개의 프로그램이 열려 있다. 회원이면 누구나 자신이 원하는 만큼 교육을 들을 수 있다. 이 전문 교육 과정은 배송 이후의 삶을 설계할 수 있도록 돕는 가장 강력한 무기가 될 것이다.

물론 모든 사람이 창업해야 하는 건 아니다. 중요한 건 방향을 닫아두지 않는 것이다. 배송은 오늘의 수입을 책임져주지만, 내일의 삶까지 책임져주지는 않는다. 그래서 배송 일을 하며 배우고, 관찰하고, 준비하는 사람들만이 자연스럽게 다음 국면으로 당당하게 나아갈 수 있다. 이것이 내가 정의하는 진정한 의미의 졸업이다.

문규영 씨는 카센터 창업으로, 지철민 대표는 온라인 유통 창업으로 자신의 넥스트 라이프를 설계했다. 방식은 달랐지만 출발점은 같았다. 배송을 '끝'으로 보지 않았다는 점이다. 배송은 충분히 좋은 시작이다. 다만 어디까지 갈지는 각자가 결정할 몫이다. 운전대를 잡은 손에 힘을 주되, 마음 깊숙이 품어둔 꿈을 잊어선 안 된다. 그 꿈이 당신을 지치지 않게 할 것이며, 결국 당신이 원하는 그곳으로 데려다줄 것이다.

인생을 바꾸는
긍정의 힘

낙관주의자는

위기 속에서 기회를 보고,

비관주의자는

기회 속에서 위기를 본다.

_ 윈스턴 처칠

배송 현장은 누구에게나 '공평'하게 가혹하다. 쏟아지는 폭우, 새벽 3시의 차가운 공기, 예기치 않게 펑크 난 타이어, 그리고 좁은 골목길의 압박까지. 이 거친 환경 속에서 누군가는 좌절하며 핸들을 놓지만, 누군가는 그 안에서 기회를 발견하며 다음 단계로 나아간다. 육체적인 한계를 넘어서게 하는 결정적인 힘, 그것은 체력이 아니라 바로 긍정의 힘이다.

현장에서 수많은 배송기사들을 지켜보며 내린 결론은 명확하다. 기술은 시간이 해결해주지만, 인생의 성패는 긍정적인 태도가 결정한다는 사실이다. 긍정은 단순히 웃는 얼굴을 뜻하지 않는다. '힘들지만 이 일로 내 가족을 지킬 수 있다'는 책임감, '처음이라 어려운 건 당연하니 곧 익숙해질 것'이라는 자기 확신, 그리고 '문제가 생겼으니 더 나은 방법을 찾을 기회'라고 믿는 태도가 진짜 긍정이다.

같은 상황에서도 어떤 사람은 이렇게 말한다.
"왜 하필 나한테 이런 일이 생기지?"
반면 어떤 사람은 이렇게 말한다.
"이건 언젠가 한 번은 겪어야 할 일이지."

긍정이 실력이 되는 순간

자기계발의 거장 나폴레온 힐은 "긍정적인 마음가짐은 모든 역경을 그와 동등하거나 그보다 더 큰 이익의 씨앗으로 바꾼다"고 했다. 이 말의 힘을 나는 배송 현장에서 목격했다.

늘 밝은 표정으로 주변에 "감사합니다"라는 말을 입에 달고 살던 40대 초반의 배송기사가 있었다. 그가 일을 시작한 지 두 달 만에 좁은 골목에서 고급 승용차의 옆면을 긁는 사고를 냈다. 1톤 탑차는 배송지 주소를 확인하며 운전해야 하기에 이런 자잘한 사고는 신입에겐 피하기 어려운 숙명과도 같다.

그런데 당황한 기사가 차주에게 거듭 사과하며 처리 방향을 논의하던 중 놀라운 일이 벌어졌다. 하필 고급 승용차여서 수백만 원의 수리비와 렌트비가 청구될 상황이었으나, 차주는 오히려 놀란 기사를 다독였다.

"열심히 살다 보면 그럴 수도 있지요. 수리 기간엔 제가 버스 타고 다니면 되니 걱정하지 마세요."

배송업을 하며 이런 '기적' 같은 배려를 만나는 것은 드문 일이다. 나는 이것이 우연이 아니라고 믿는다. 평소 그 기사가 뿜어내던 긍정의 에너지가 사고의 순간에도 차주의 마음을 움직였던 게 아닐까.

며칠 뒤 나는 해당 차주에게 개인적으로 연락을 했다. 사고 처리와는 별개로 진심으로 감사 인사를 전하고 싶었기 때문이다. 작은 선물이라도 보내고 싶다고 했지만, 수화기 너머로 버스 안내 음성이 들리는 가운데 차주는 한사코 사양했다.

"그럴 필요 없어요. 다들 그렇게 사는 거죠."

이 짧은 말이 내 마음속에 감동으로 오래 남았다. 긍정은 단순히 기분 좋은 태도가 아니라, 위기의 순간에 사람의 마음을 움직이는 실력이라는 것을. 배송 현장에서 내가 본 긍정은 그렇게 우연을 넘어 결과가 되고 있었다.

그런데 정반대의 사례도 있다. 늘 세상에 대한 불만을 입에 달고 다니던 30대 남성 기사가 있었다. 주변 사람들에게 불친절하고 표정도 늘 어두웠다. 그 역시 좁은 골목에서 담장을 긁는 사고를 냈는데, 이번엔 정반대의 상황이 펼쳐졌다. 성미 까다로운 집주인은 살짝 긁힌 담장 전체를 새로 올리겠다며 으름장을 놓았고, 기사는 이 사건의 해결을 위해 한동안 진땀을 빼야 했다.

이런 장면을 여러 번 보다 보니 묘한 공통점이 보이기 시작했다. 늘 세상에 불만이 많고, "왜 나한테만 이런 일이 생기냐"는 말을 입에 달고 사는 사람들은 이상하리만큼 일이 꼬였다. 가만히 있다가 벼락을 맞은 것처럼 느껴지는 사건들이 반복됐다. 물론 모든 불운을 성격 탓으로 돌릴 수는 없다. 다만 같은 유형의 문제가 계속해서 되풀이된다면, 그건 운의 문제가 아니라 태도의 문제일 가능성이 크다. 세상을 대하는 표정과 말투, 상대를 대하는 자세가 결국 상황을 더 키우거나 누그러뜨린다.

같은 현장, 같은 사고, 다른 결말이었다.

긍정과 부정의 차이는 실질적인 수익으로도 이어진다. 배송도 결국은 사람이 하는 일이다. 현장 관리자들도 사람인지라 밝고 진취적인 기사에게 더 마음이 가기 마련이다. 배송 지역에는 소위 '꿀 단지'라 불리는 좋은 권역이 있고, 반대로 노동 강도가 높은 험지도 있다. 좋은 배송 구역에 자리가 났을 때 관리자들은 누구를 가장 먼저 떠올릴까? 당연히 긍정적인 태도로 현장의 분위기를 밝게 만드는 사람이다. 긍정은 단순히 성격을 넘어 수입과 직결되는 아주 강력한 경쟁력인 셈이다.

친절은 메아리가 되어 돌아온다. 긍정적인 기사의 차 안에는 유독 고객들이 건넨 시원한 음료수나 정성 듬뿍 담긴 메모가 많다. 고단한 노동 속에 건네받은 비타민 음료 한 병은 그 어떤 영양제보다 큰 회복탄력성을 선물한다. 반면 매사에 부정적이고 투덜대는 기사들에게는 냉대와 민원이 돌아올 뿐이다.

배송에서 긍정은 곧 평판 자산이다. 눈에 보이지 않지만, 시간이 지날수록 확실하게 차이를 만든다.

긍정의 근육을 키우는 '긍정 챌린지'

그런데 긍정은 한두 번 다짐한다고 만들어지지 않는다. 우리 회사는 이러한 긍정의 힘을 조직적으로 확산하기 위해 2025년 9월부터 이른바 '긍정 챌린지(Positive Challenge)'를 시작했다. 긍정은 타고난 성격이 아니라 훈련을 통해 단련되는 근육이기 때문이다.

소속 루트매니저만 접속할 수 있는 온라인 카페 출석부에 올라온 긍정글에 댓글을 다는 이 단순한 행위가 배송기사들의 삶에 세 가지 큰 변화를 가져온다.

첫째, 마음가짐의 변화다. 부정적인 생각 패턴이 줄어들고 불평보다는 감사를 먼저 발견하게 된다. 매일 긍정의 글을 기록하다 보면 자기 가치를 새롭게 인식하게 되고 자존감이 올라간다.

둘째, 관계의 개선이다. 상황을 긍정적으로 바라보니 작은 일에 화내는 빈도가 줄어들고, 타인에게 더 따뜻하게 대하게 된다.

셋째, 삶의 만족도 향상이다. '잘 되고 있다'는 자기 확신이 쌓이면 새로운 도전에 적극적이게 되고, 힘든 일이 생겨도 금방 털고 일어나는 회복탄력성이 생긴다.

긍정은 지금 당장 짐을 나르는 이 시간을 내 사업의 밑거름으로 믿게 만드는 가장 강력한 동력이다. 같은 도로 위를 달려도 누군가는 고통의 길을 가고, 누군가는 성공의 길을 간다. 그 차이는 결국 오늘 아침 어떤 마음을 선택했느냐에 달려 있다.

긍정을 선택한 순간, 하루는 기회가 되고, 부정을 선택한 순간, 하루
는 고통이 된다.

그리고 이런 하루하루가 모여 결국 우리의 인생이 된다.

배송인그룹
멤버십 서비스 Q&A

Q 배송인그룹은 구체적으로 어떤 일을 하는 곳인가?

A 배송인그룹은 단순히 배송 일자리를 알선하는 곳이 아니다. 배송기사(루트매니저)와 물류회사 사이에서 협력을 강화하고, 배송인의 권익과 경제적 안정을 지원하며, 배송 창업자의 시작(start)부터 졸업(exit)까지 모든 과정을 지원한다. 창업 준비부터 성장과 사후 관리, 이후의 방향까지 함께 고민하는 배송 멘토이자 라이프 코치 역할을 수행한다.

Q 다른 배송 알선 회사들과 뭐가 다른가?

A 가장 큰 차이는 '투명성'과 '지속성'이다. 일반 알선 회사는 일감을 연결하면 역할이 끝난다. 배송인그룹은 그 이후가 시작이다. 배송인그룹은 창업에서 엑시트(Exit)까지 인생의 장기적인 계획을 함께 세운다. 계약 구조, 수익 안정, 법률 문제, 멘탈 관리, 이후 배송 졸업을 위한 교육까지 소속 루트매니저의 모든 변수를 함께 관리한다. 배송을 '개인의 책임'으로 방치하지 않고, 시스템 안에서 보호하려는 구조라는 점이 다르다.

5년 전 업계 최초로 '차량 임대제'를 대대적으로 도입한 선구자적 위치에 있으며, 불공정 계약이나 지입 사기로부터 기사를 보호하기 위해 전문 법률 자문 시스템을 갖추고 있다.

Q 3SS 시스템이란 무엇인가?

A 배송인그룹의 3SS는 '시작-유지&확장-졸업'으로 이어지는 구조다. 배송을 시작하게 해주는 데서 끝나는 것이 아니라, 안전하게 버티고 이후의 삶까지 준비하도록 설계돼 있다.

첫 번째 단계는 '시작(START)'이다. 배송 창업 초기에 가장 큰 위험은 지입·알선·수수료 사기다. 3SS의 시작 단계에서는 전문 자격을 갖춘 면접 상담관이 개인의 상황과 성향을 분석해 수백 가지 배송업 중 가장 적합한 선택지를 제시한다. 단순히 일을 연결하는 것이 아니라, 같은 배송이라도 현장 보증금이나 조건이 더 좋은 곳으로 시작할 수 있도록 돕는다. 영업사원이 계약을 따내는 구조가 아니라 상담 전문가가 판단하는 구조라는 점이 결정적인 차이다.

두 번째 단계는 '진행(SUSTAIN)'이다. 배송 창업은 시작보다 유지가 더 중요하다. 이 단계에서는 추가 수수료를 원천적으로 차단하고, 하청이 반복되는 구조를 막는다. 배송인그룹은 소속 루트매니저에게 단 한 푼의 수수료도 요구하지 않는다. 또한 배송 과정이나 삶의 다른 영역에서 법적 문제가 생길 경우를 대비해 변호사·노무사·법무사의 전문 자문을 지원한다. 이사나 증톤처럼 상황이 바뀌면 다시 상담을 통해 다른 배송으로 옮길 수도 있다. 일반 물류 시장에서 수천만 원이 드는 '자리 이동'이 비용 없이 가능하다는 점도 이 단계의 핵심이다. 여기에 신입 키트, 장학금 제도, 정기적인 이벤트 등은 배송에 정착하는 시간을 단축시키는 장치다.

세 번째 단계는 '졸업(EXIT)'이다. 배송은 목적지가 아니라 과정이다. 3SS의 마지막 단계는 배송 이후의 삶을 준비하는 라이프케어 서비스다. 재테크, 은퇴 준비, 다른 창업을 위한 교육까지 5,000개 이상의 강의가 무상으로 제공된다. 특히 정부 정책자금과 지원금 관련 교육은 실제로 혜택을 받은 사례도 꾸준히 나오고 있다. 돈을 버는 것과 그 돈으로 다음 단계를 준비하는 것은 전혀 다른 문제이기 때문이다.

결국 3SS는 배송을 '잠깐 하는 일'로 보지 않는다. 안전하게 시작하고, 흔들리지 않게 유지하며, 필요하다면 당당하게 떠날 수 있도록 돕는 구조다. 배송인그룹은 시작만 연결하고 사라지는 곳이 아니라, 배송의 전 생애를 함께 설계하는 파트너에 가깝다.

Q 배송기사를 '루트매니저'라고 부르는 특별한 이유가 있나?

A 배송인그룹은 배송기사를 단순 노동자로 보지 않는다. 각자의 루트를 관리하고, 수익과 시간을 설계하는 사람이라는 의미에서 '루트매니저'라는 이름을 쓴다. 이 호칭에는 배송을 '시켜서 하는 일'이 아니라 '관

리하며 키워가는 일'로 바라보겠다는 철학이 담겨 있다.

Q 이 서비스를 무료로 받을 수 있다는 건가?

A 물론 아니다. 배송인그룹은 멤버십제로 운영된다. 서비스를 제공하기 위한 최소한의 필요 경비다. 가입비는 최초 가입 시 단 한 번만 지불하면 된다. 매년 갱신할 필요가 없으며, 한 번 인연을 맺으면 평생 배송인그룹의 모든 업그레이드 서비스를 무료로 이용할 수 있다. 가입비가 누군가에겐 부담일 수 있으나, 지입 사기나 임대 보증금 등 수천만 원에 달할 수 있는 잠재적 피해를 예방하고 전문적인 솔루션을 받는 비용이라고 생각하면 훨씬 경제적이다. 서비스는 매년 업그레이드되며, 이미 2,400명 이상이 이 구조 안에서 함께하고 있다.

오히려 문제는 창업하겠다고 하면서도 끝까지 '공짜'만 찾는 태도다. 가입비가 없다는 말에 혹해 수수료 사기의 덫에 걸리거나, 반대로 한 푼도 쓰지 않겠다는 생각에 시작조차 못 하는 경우를 자주 본다. 세상에 공짜는 없다. 중요한 건 그 돈이 어떤 가치를 만드는지 스스로 따져보는 일이다. 빵 한 조각을 살 때도 값어치를 계산하듯, 창업에서도 판단은 결국 본인의 몫이다.

Q 멤버십 비용이 현장 보증금과 다른 점은 무엇인가?

A 일반 물류 기업에서는 '현장 보증금' 명목으로 적게는 300만 원에서

많게는 700만 원까지 소멸성 비용을 요구하는 경우가 많다. 하지만 배송인그룹은 이러한 불필요한 현장 보증금을 일절 요구하지 않는다. 차량 임대료나 보험료 등도 모두 '후불제 시스템'으로 운영하므로 초기 자본이 부족해도 무리하게 돈을 먼저 내고 시작하지 않도록 설계돼 있다. 처음부터 돈 때문에 발목 잡히는 구조를 만들지 않는 것이 운영 원칙이다.

Q 배송인그룹은 사기 위험을 어떻게 막아주나?

A 배송 창업자는 대부분 개인사업자 신분으로 계약을 맺는다. 하지만 대형 물류회사들은 개인과 직접 계약하지 않는다. 개인 → 배송회사 → 원청 구조로 이어지는 이 단계마다 조건 차이가 발생하고, 이 틈에 사기가 숨어든다. 임대 조건, 현장 보증금, 보험료, 위약금 구조를 제대로 이해하지 못하면 시작부터 손해를 안고 출발하게 된다.

배송인그룹은 법률 자문 계약을 맺은 전문 법률사무소와 함께 자체 법무 시스템을 운영한다. 계약 구조를 투명하게 설명하고, 불리한 조건을 사전에 차단한다. 임대 사기, 지입 사기, 소멸성 비용에 노출되지 않도록 처음부터 구조를 점검해준다. 시작부터 길을 잘못 들어 손해를 보는 것과 비교하면, 멤버십 비용은 '보험'에 가깝다. 그래서 많은 배송기사가 "벌고 시작했다"고 말한다. 멤버십을 잘 이해한 루트매니저, 그중에서도 사업을 해봤던 분들은 "대체 회사는 뭐가 남느냐"는 말로 감사를 전하기도 한다.

Q 초보자도 바로 수익을 낼 수 있도록 돕는 지원책이 있나?

A 그렇다. 배송 경험이 없는 상태에서 시작할수록 초반의 결정이 중요하다. 그래서 같은 배송을 해도 누군가는 몇 년 만에 자산을 만들고, 누군가는 10년을 해도 제자리이다. 배송인그룹은 이 차이를 줄여주고자 한다. 배송 창업의 실패를 줄이기 위해 개인의 성향과 상황에 맞는 '맞춤형 솔루션'을 제공한다. 또한 신입을 위한 신입 키트를 제공해 현장에 좀 더 빠르게 적응할 수 있는 아이템을 지원하고, 루트매니저 전용 카페를 통해 신입분들도 혼자 버티다 포기하지 않도록 하는 다양한 정책을 시행하고 있다.

특히 성실히 근무하는 루트매니저를 위해 6개월마다 300만 원의 장학 혜택을 주는 프로그램(1등은 300만원이나, 한명만 지급하는 게 아니라 2등, 3등, 4등... 등수에 안들어도 '루트매니저 도전' 프로그램만 하면 뭐든 지급합니다!)과 각 센터별 업무 지원금 제도들을 운영해 안정적인 수익 구조를 보장한다.

마지막으로, 어떤 사람에게 배송인그룹을 추천하나?

Q 혼자 모든 걸 감당하고 싶지 않은 사람. 처음부터 안전한 구조에서

A 시작하고 싶은 사람. 돈의 가치를 아는 사람. 배송을 단순한 생계가 아니라 인생의 발판으로 삼고 싶은 사람에게 추천한다. 배송인그룹은 길을 대신 걸어주지는 않는다. 하지만 길을 잃지 않도록 옆에서 함께

걷는다. 더 나아가 배송 이후의 삶을 그릴 수 있게 돕는다. 바로 당장 눈 앞의 수입도 포기할 수 없지만 바로 다음 한 발자국까지 생각하는 사람. 두 번의 실패가 용납되지 않는 사람들을 위해 배송인그룹은 존재한다.

루트매니저들의
생생 후기

여기 실린 글은 배송인그룹 멤버십을 통해 현장에서 일하고 있는 루트매니저들의 실제 후기다. 시작하게 된 이유, 망설였던 지점, 선택의 기준과 변화의 체감까지. 그들이 남긴 기록을 읽기 편하게 정리해서 옮겼다. 이 기록들은 단순한 후기나 성공담이 아니다. 누군가의 아버지, 어머니, 그리고 가장으로서 써 내려간 치열한 삶의 고백이자 새로운 희망을 찾아낸 이들의 가장 솔직한 기록이다.

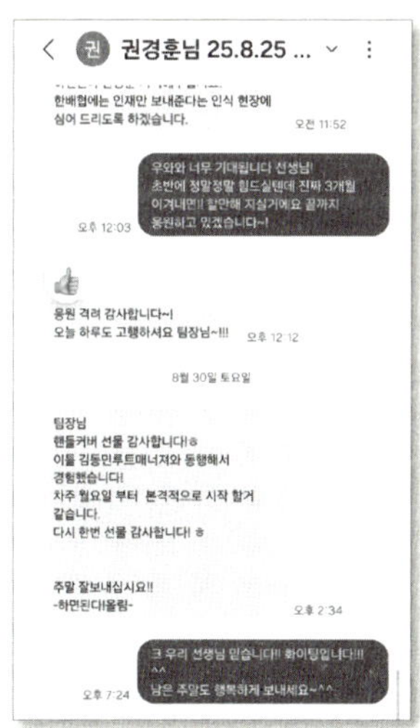
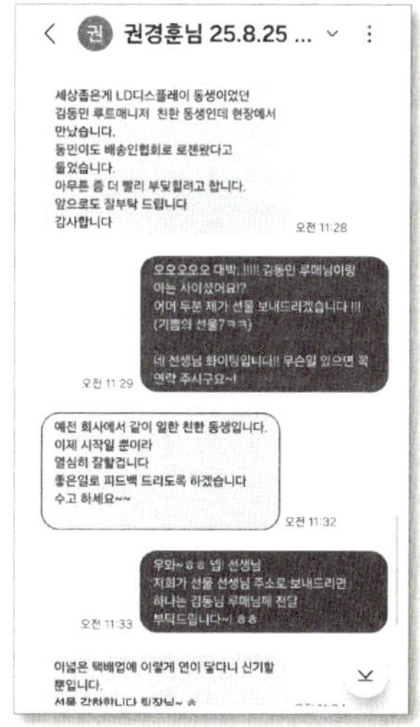

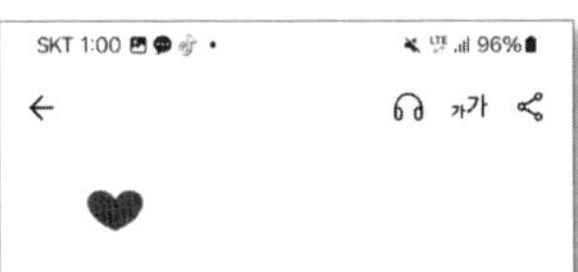

1. 배송업을 선택한 이유
체육계열로 약 10년간 일을 하면서 업무적인 스트레스가 많아 퇴사 후 내가 무슨 일을 할 수 있을까 이것 저것 찾아보다 배송업에 관심을 가지게 되었습니다. 제 장점은 체력도 좋고 끈기도 좋고 운전도 좋아하기 때문에 어쩌면 적성에 맞지 않을까 하는 호기심에 시작되었고 검색을 통하여 여러곳을 알아보았습니다.

2. 한국배송인협회 멤버십을 선택한 이유
배송업에 종사하시는 분들께 많이 상담해 본 결과 대부분 본인 회사에 만족하지 못하는 스토리를 많이 들었습니다. 배송업이 사기도 많고 알게 모르게 떼 가는 수수료도 많고 다양한 이유로 월급이 줄어든다는 말을 듣고 안전하게 케어해줄 수 있는 곳이 있어야겠다 생각이 들었습니다. 한국배송인협회 면접 상황에서 궁금했던 것들을 다 물어보고 시원시원하게 답해주셔서 좋았고 생수, 가구 등등 다양한 업종의 장단점을 비교하여 저에게 맞는 분야를 선택해주셨습니다. 멤버십 가입을 해서 평생 관리 받는 느낌으로 일 하면 앞으로의 목표도 생기고 좀 더 즐겁게 일 할 수 있을 것 같아서 믿고 선택했습니다.

3. 앞으로의 각오나 목표 등!
일단 첫 번째의 목표는 일에 대한 완벽 적응입니다. 대부분 처음에 한 두달 정도는 그만두고 싶을 정도로 힘들어 하신다고 들었습니다. 최대한 적응을 빨리 해서 제가 스트레스 안 받고 즐기는 마음으로 일을 하고 싶고 더 나아가 크게 목표를 가진다면 배송업 관련하여 어떤 사업을 시작할 수 있지 않을까 생각하고 있습니다. 지금 당장은 뚜렷한 목표가 없지만 일에 적응하고 앞으로 나아간다면 점점 선명하게 목표가 생길 것 같습니다. 감사합니다.

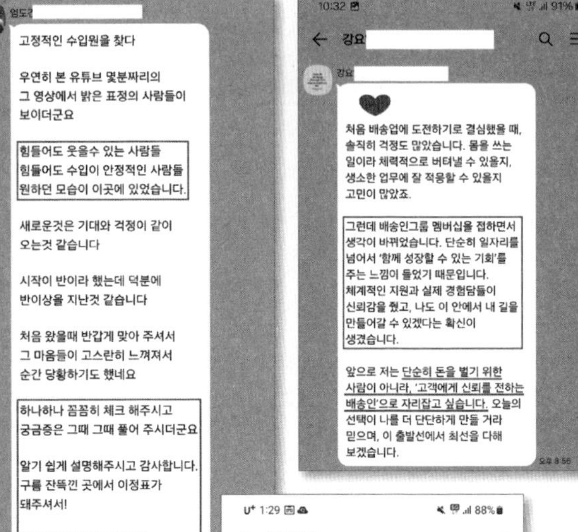

고정적인 수입원을 찾다

우연히 본 유튜브 몇분짜리의 그 영상에서 밝은 표정의 사람들이 보이더군요

힘들어도 웃을수 있는 사람들 힘들어도 수입이 안정적인 사람들 원하던 모습이 이곳에 있었습니다.

새로운것은 기대와 걱정이 같이 오는것 같습니다

시작이 반이라 했는데 덕분에 반이상을 지난것 같습니다

처음 왔을때 반갑게 맞아 주셔서 그 마음들이 고스란히 느껴져서 순간 당황하기도 했네요

하나하나 꼼꼼히 체크 해주시고 궁금증은 그때 그때 풀어 주시더군요

알기 쉽게 설명해주시고 감사합니다. 구름 잔뜩낀 곳에서 이정표가 돼주셔서!

법률자문과 이직 프로그램 또한 선택의 중요 요소가 되었네요

웃고 싶어 선택했고 가정을 지켜야 하기에 선택했습니다

힘든건 상관없습니다 잠시 쉬어 가면 되니까요

처음부터 달리지 않으려 합니다 단거리 선수보다 마라톤 선수가 되려합니다

처음 배송업에 도전하기로 결심했을 때, 솔직히 걱정도 많았습니다. 몸을 쓰는 일이라 체력적으로 버텨낼 수 있을지, 생소한 업무에 잘 적응할 수 있을지 고민이 많았죠.

그런데 배송인그룹 멤버십을 접하면서 생각이 바뀌었습니다. 단순히 일자리를 넘어서 '함께 성장할 수 있는 기회'를 주는 느낌이 들었기 때문입니다. 체계적인 지원과 실제 경험담들이 신뢰감을 줬고, 나도 이 안에서 내 길을 만들어갈 수 있겠다는 확신이 생겼습니다.

앞으로 저는 단순히 돈을 벌기 위한 사람이 아니라, '고객에게 신뢰를 전하는 배송인'으로 자리잡고 싶습니다. 오늘의 선택이 나를 더 단단하게 만들 거라 믿으며, 이 출발선에서 최선을 다해 보겠습니다.

IT 업계에서 15년,
대한민국 IT 호황을 타고
년수입은 꾸준히 올라서 8천이 되었고 1억까지는 무난히 찍으리라 예상하던 그때 코로나가 터져 5개월을 쉬어야 했습니다.
외벌이 가장으로 무너지는 멘탈을 수습하면서 가족을 책임져야 했기에 쿠팡 상하차, 플렉스 등을 하면서 화물운송종사자 자격증도 따고 잠깐 배송의 맛도 보았습니다.

다행이 다시 본업으로 돌아와 2년정도 일하였고 코로나가 진정되니 경기가 나빠지기 시작하며 수익이 불안해지면서 배송일을 본격적으로 알아보기 시작하였습니다.

많이 검색도 하고 여러 업체들도 알아보던 중 한국배송인협회 유투브를 보게 되었습니다.

한국배송인협회 멤버십을 선택한 이유는 유투브 설명글에 적힌 '지난 5년간 1,327명의 기사님이 저와 함께하며 자신과 가족을 지켜오셨습니다' 라는 한줄의 문장 때문 입니다. 저 또한 저 자신과 가족을 지키기 위해 살아가는 가장이기 때문에 저 문장이 유독 마음에 와닿았습니다.

저는 장기적인 목표와 계획을 세우지 않는 편입니다. 스스로 세운 목표와 계획이라는 것이 예측 불가한 환경과 변수에 얼마나 쉽게 흔들리는지 잘 알고 있기 때문입니다.

변하지 않는 확실한 가치관을 가지고 있다면(저는 저와 제 가족의 평안과 행복을 지키는 것이 1순위 가치관 입니다.) 목표와 계획을 유연하게 가져가도 좋을 것 같습니다.

직업을 바꾼다는 것이 쉽지는 않습니다.

여인(A0)1109,1210예정

어제 센터 미팅 다녀왔거든요, 선… 한번더 말씀드렸습니다. 오후 5:57

여인(A0)1109,1210예정

헛.. 너무 감사드립니다.. ㅜㅜ 오후 5:5

여인(A0)1109,1210예정

1.배송업 선택 이유
현재 개인 및 가정의 경제적으로 많이 힘든 상황입니다.
아내와 같이 직장생활 맞벌이로 소득을 합치면 70%이상이 대출 및 개인회생 변제금으로 빠져나가고 생활비를 줄여도 모를 수 있는 돈이 없었습니다. 나이는 어리지만 벌써 세상에 한번 넘어졌기에 새로운 인생과 비전을 계획하고자, "하는만큼 수익을 얻는" 배송업을 선택 하였습니다.
배송업이 육체적으로도 정신적으로도 많이 힘든 직업인 것을 알고 있고 쉽게 생각하지 않습니다. 다만 직업군인 생활을 빗대어 악착같이 정신력으로 버텨보고 제 자신을 어기고 세상에 도전하고싶습니다.

2.배송업 선택시 걱정되었던 것들

첫번째, 직업군인 복무를 제외하고 사회생활에 첫 직업이기에 배송업계의 분위기 및 환경이 조금 걱정이었습니다.

두번째, 물량의 편차 변동으로 인한 수익이 걱정이었습니다 ex) 이번달은 실수령 500 다음달은 300
-하지만 물량 걱정은 없다고 이은혜 과장님께서 자부하셨기에 걱정해소 완료 입니다.

세번째, 차량임대와 부대비용 발생에 대한 걱정이 있었습니다. 가족이나 금전적 상황이 좋지 못한데 급여에서 공제되는 것들이 많으면 실수령이 줄 적어질 것이라 큰 걱정이었는데
-특별채용 A사지원으로 걱정 및 애로사항 해소 되었습니다

네번째, 류무가 일정하지 않고 변동이 심할 것 같은 걱정이 있었습니다.
-채용면접과 멤버십 가입과정 간 걱정해소완료 되었습니다.

다섯째, 체력적 소모가 엄청 클까봐 걱정하였습니다.
-생수배송을 제외하고 소화물택배는 생수배송 업무와 비교적으로 수월하며 체력적으로 강도가 덜 하다고 설명 받았기에 걱정해소 완료 되었습니다.

여섯째, 각종 지입사기 및 사기행각을 많이하는 업… 서 걱정이 되었습니다
-한국 배송인 협회를 알게되어 큰 다행이며 걱정…

3.한국배송인협회 멤버십을 선택한 이유

다른업체들과는 상반되는 명확하고 확고한 협회의 … 니다. 대표님,이은혜과장님과 김아화 팀장님이 늘 … 주시며 어떻게 하면 여건을 더 좋게 해드릴까 생각 … 함께주심을 느꼈습니다. 배송인들의 처우개선 및 … 협회가 힘이 되어주고 회원들을 위해 다방면으로 … 면 믿고 같이 일 해도 될 것같다고 판단과 확신이 … 회 멤버십을 선택하였습니다.

안녕하세요. 삼성 가전 설치 기사로 일한 지 어느덧 4개월이 되어갑니다.
처음 일을 시작할 때는 모든 것이 낯설었고, 2개월차 즈음엔 이제 조금 적응이 된 것 같다는 자신감이 생겼습니다. 하지만 시간이 지나며 다양한 설치 환경을 겪다 보니, 진짜 적응이란 건 단순히 '일에 익숙해지는 것'만이 아니라는 걸 깨닫게 되었습니다.

2개월까지는 눈앞의 일 하나하나에 집중하며 버티는 느낌이었다면, 3개월이 지나면서는 현장마다 다른 변수와 상황에 대처해야 하는 능력이 얼마나 중요한지를 느꼈습니다. 말 그대로, 이 일은 최소 3개월-6개월은 지나봐야 진짜 현장을 이해하게 되는 일이라는 걸 몸으로 배우는 중입니다.

최근에는 설치 일정이 많아져 바쁜 날이 이어지고, 늦은 밤에야 집에 들어가는 날도 늘었습니다. 하지만 신기하게도 예전처럼 힘들기만 한 건 아닙니다. 하루하루가 점점 익숙해지고, 설치 과정 하나하나가 이제는 제 일상의 일부처럼 자연스럽게 느껴집니다. 손에 익고 몸이 반응하기 시작하면서, 일에 대한 자신감과 안정감이 조금씩 쌓여가는 걸 느낍니다.

물론 여전히 예상치 못한 상황도 있고, 체력적으로 힘든 날도 많습니다. 하지만 그만큼의 보상과 만족이 따르고, 스스로 성장하고 있다는 확신이 생깁니다. 처음엔 두려움으로 시작했지만, 이제는 '내가 이 일을 해나가고 있다'는 자부심이 자리 잡았습니다.

이제는 단순히 생계를 위한 일이 아니라, 제 삶의 한 부분이 되어가고 있습니다. 앞으로도 꾸준히 배우며, 초심을 잊지 않고 더 나은 루트매니저로 성장해가고 싶습니다.

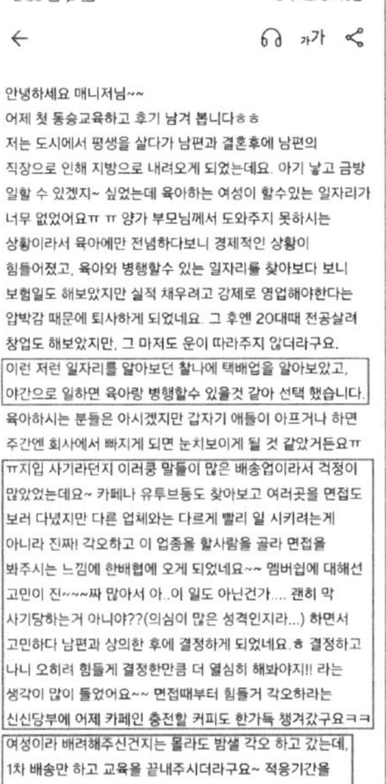

안녕하세요 매니저님~~
어제 첫 동승교육하고 후기 남겨 봅니다ㅎㅎ
저는 도시에서 평생을 살다가 남편과 결혼후에 남편의 직장으로 인해 지방으로 내려오게 되었는데요. 아기 낳고 금방 일할 수 있겠지~ 싶었는데 육아하는 여성이 할수있는 일자리가 너무 없었어요ㅠㅠ 양가 부모님께서 도와주지 못하시는 상황이라서 육아에만 전념하다보니 경제적인 상황이 힘들어졌고, 육아와 병행할수 있는 일자리를 찾아보다 보니 보험일도 해보았지만 실적 채우려고 강제로 영업해야한다는 압박감 때문에 퇴사하게 되었네요. 그 후엔 20대때 전공살려 창업도 해보았지만, 그 마저도 운이 따라주지 않더라구요.
이런 저런 일자리를 알아보던 찰나에 택배업을 알아보았고, 야간으로 일하면 육아랑 병행할수 있을것 같아 선택 했습니다.
육아하시는 분들은 아시겠지만 갑자기 애들이 아프거나 하면 주간엔 회사에서 빠지게 되면 눈치보이게 될 것 같았거든요ㅠ
ㅠ지입 사기라던지 이러쿵 말들이 많은 배송업이라서 걱정이 많았었는데요~ 카페나 유튜브등도 찾아보고 여러곳에 면접도 보러 다녔지만 다른 업체와는 다르게 빨리 일 시키려게 아니라 진짜! 각오하고 이 업종을 할사람을 골라 면접을 봐주시는 느낌에 한배협에 오게 되었네요~ 멤버십에 대해선 고민이 진~~~짜 많아서 아..이 일도 아닌건가... 괜히 막 사기당하는거 아니야??(의심이 많은 성격인지라...) 하면서 고민하다 남편과 상의한 후에 결정하게 되었네요.ㅎ 결정하고 나니 오히려 힘들게 결정한만큼 더 열심히 해봐야지!! 라는 생각이 많이 들었어요~~ 면접때부터 힘들거 각오하라는 신신당부에 어제 카페인 충전할 커피도 한가득 챙겨갔구요크크
여성이라 배려해주신건지는 몰라도 밤샐 각오 하고 갔는데, 1차 배송만 하고 교육을 끝내주시더라구요~ 적응기간을 주시는것같아서 걱정하던 마음보다 편한 마음으로 교육 받았습니다ㅎㅎ
아직 섣부른 판단일수도 있겠지만,
내가 한번 해볼미 하겠다!! 라는 생각이 듭니다~ 의지만 있다면 무엇이든 못 할일이 없는것 같아요~! 오늘도 동승교육 열심히 배워오겠습니다! ㅎㅎ 좋은 하루 보내세요~~

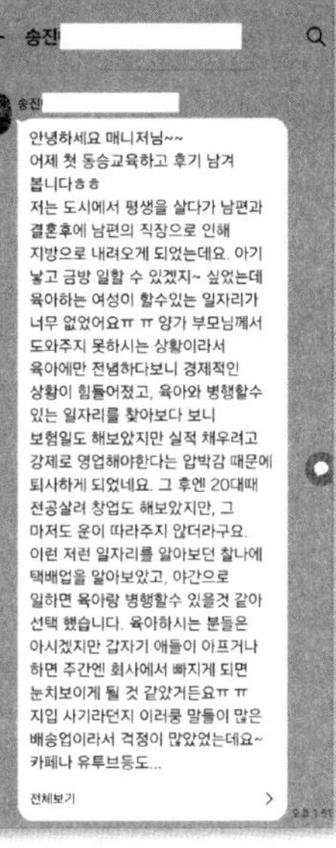
안녕하세요 매니저님~~
어제 첫 동승교육하고 후기 남겨 봅니다ㅎㅎ
저는 도시에서 평생을 살다가 결혼후에 남편의 직장으로 인해 지방으로 내려오게 되었는데요. 아기 낳고 금방 일할 수 있겠지~ 싶었는데 육아하는 여성이 할수있는 일자리가 너무 없었어요ㅠㅠ 양가 부모님께서 도와주지 못하시는 상황이라서 육아에만 전념하다보니 경제적인 상황이 힘들어졌고, 육아와 병행할수 있는 일자리를 찾아보다 보니 보험일도 해보았지만 실적 채우려고 강제로 영업해야한다는 압박감 때문에 퇴사하게 되었네요. 그 후엔 20대때 전공살려 창업도 해보았지만, 그 마저도 운이 따라주지 않더라구요.
이런 저런 일자리를 알아보던 찰나에 택배업을 알아보았고, 야간으로 일하면 육아랑 병행할수 있을것 같아 선택 했습니다.
육아하시는 분들은 아시겠지만 갑자기 애들이 아프거나 하면 주간엔 회사에서 빠지게 되면 눈치보이게 될 것 같았거든요ㅠ ㅠ
지입 사기라던지 이러쿵 말들이 많은 배송업이라서 걱정이 많았었는데요~ 카페나 유튜브등도...
전체보기

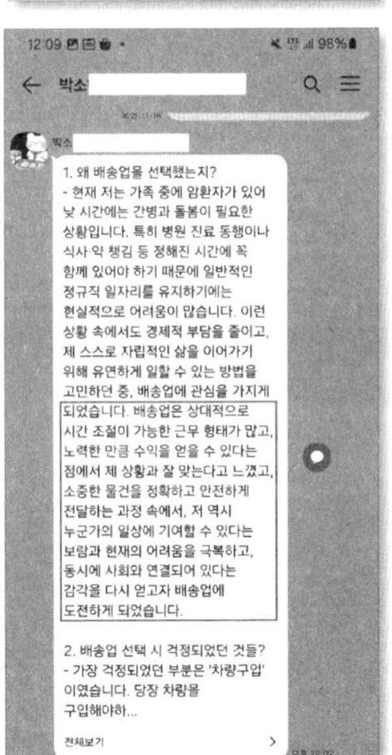

박소...

1. 왜 배송업을 선택했는지?
- 현재 저는 가족 중에 암환자가 있어 낮 시간에는 간병과 돌봄이 필요한 상황입니다. 특히 병원 진료 동행이나 식사·약 챙김 등 정해진 시간에 꼭 함께 있어야 하기 때문에 일반적인 정규직 일자리를 유지하기에는 현실적으로 어려움이 많습니다. 이런 상황 속에서도 경제적 부담을 줄이고, 제 스스로 자립적인 삶을 이어가기 위해 유연하게 일할 수 있는 방법을 고민하던 중, 배송업에 관심을 가지게 되었습니다. 배송업은 상대적으로 시간 조절이 가능한 근무 형태가 많고, 노력한 만큼 수익을 얻을 수 있다는 점에서 제 상황과 잘 맞는다고 느꼈고, 소중한 물건을 정확하고 안전하게 전달하는 과정 속에서, 저 역시 누군가의 일상에 기여할 수 있다는 보람과 현재의 어려움을 극복하고, 동시에 사회와 연결되어 있다는 감각을 다시 얻고자 배송업에 도전하게 되었습니다.

2. 배송업 선택 시 걱정되었던 것들?
- 가장 걱정되었던 부분은 '차량구입'이었습니다. 당장 차량을 구입해야...
전체보기 >

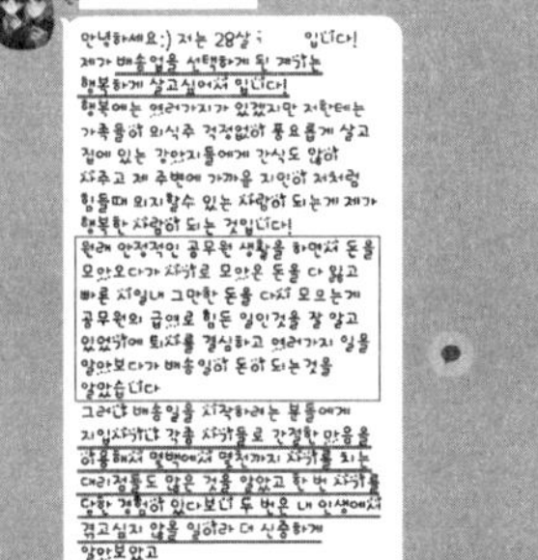

안녕하세요:) 저는 28살   입니다!
제가 배송업을 선택하게 된 계기는 행복하게 살고싶어서 입니다!
행복에는 여러가지가 있겠지만 저한테는 가족들이 의식주 걱정없이 풍요롭게 살고 집에 있는 강아지들에게 간식도 많이 사주고 제 주변에 가까운 지인이 저처럼 힘들때 의지할수 있는 사람이 되는게 제가 행복한 사람이 되는 것입니다!
원래 안정적인 공무원 생활을 하면서 돈을 모아오다가 사기로 모아온 돈을 다 잃고 빠른 시일내 그만한 돈을 다시 모으는게 공무원의 급여로 힘든 일인것을 잘 알고 있었기에 퇴사를 결심하고 여러가지 일을 알아보다가 배송일이 돈이 되는것을 알았습니다
그러나 배송일을 시작하려는 분들에게 지입사기나 각종 사기들로 간절한 마음을 이용해서 몇백에서 몇천까지 사기를 치는 대리점들도 많은 것을 알았고 한 번 사기를 당한 경험이 있다보니 두 번쨰 내 인생에서 겪고싶지 않을 일이라 더 신중하게 알아보았고
그러다 알게된 한국배송인협회 였습니다!
면접에 갔을때 배송일이 처음인 저에게...

안녕하세요:) 저는 28살   입니다!
제가 배송업을 선택하게 된 계기는 행복하게 살고싶어서 입니다!
행복에는 여러가지가 있겠지만 저한테는 가족들이 의식주 걱정없이 풍요롭게 살고 집에 있는 강아지들에게 간식도 많이 사주고 제 주변에 가까운 지인이 저처럼 힘들때 의지할수 있는 사람이 되는게 제가 행복한 사람이 되는 것입니다!
원래 안정적인 공무원 생활을 하면서 돈을 모아오다가 사기로 모아온 돈을 다 잃고 빠른 시일내 그만한 돈을 다시 모으는게 공무원의 급여로 힘든 일인것을 잘 알고 있었기에 퇴사를 결심하고 여러가지 일을 알아보다가 배송일이 돈이 되는것을 알았습니다
그러나 배송일을 시작하려는 분들에게 지입사기나 각종 사기들로 간절한 마음을 이용해서 몇백에서 몇천까지 사기를 치는 대리점들도 많은 것을 알았고 한 번 사기를 당한 경험이 있다보니 두 번째 내 인생에서 겪고싶지 않을 일이라 더 신중하게 알아보았고
그러다 알게된 한국배송인협회 였습니다!😊
면접에 갔을때 배송일이 처음인 저에게
이은혜 과장님께서 많은 조언을 해주셨고 제가 현재 돈 욕심이 많아 야간에도 일하고 싶다 말씀드리니까 제 건강까지 걱정해주시며 좋은 센터로 연계해주셨던 모습에 많이 감사했습니다♥
저는 운전도 좋아하고 처음 가보는 길을 구경하는걸 좋아하구요
사람들과 너무 많이 부딪히는 것보단 혼자서 일을 하는게 더 편하구요
이런 저에게 배송일이 잘 맞을거라고 저는 생각합니다!
아직 일을 시작하진 않았지만 저를 지지하고 응원해주는 분들(한국배송인협회)이 계시기에 든든합니다~
나중에 결혼도 하고 이사도 가면 새로운 센터 연계까지 지원해주신다니 이 점도 굉장히 메리트가 있었습니다👍
앞으로 열심히 일하고💪
일한만큼 많이 벌어서 5년 안에 내집마련 성공하고 싶습니다!
감사합니다😊

'지입사기' 절차였습니다. 같은 방식에 지치다 유튜브에 알고리즘을 타고 '채용팀장 김이화' 영상을 보게 되었습니다. 차량을 '임대' 해주겠다는 영상을 보고 신청하였는데 제 자격조건에 맞춰 차량지원을 받을 수 있어 가장 걱정되는 부분이 해결되었습니다.

3. 배송인그룹 멤버십을 선택한 이유는?
- 사실.. 멤버십 결정에 많은 고민이 있었습니다. 지금까지 해보지 않았던 업무이고, "돈을 벌려는데 왜 금액을 지불해야 하는 거지?" 하는 의문이 들어 며칠 동안 가족들과 고민하였습니다. 고민하면서 다시 처음으로 돌아가 초기비용과 그에 따른 부수적인 금액 등을 알아보니 멤버십 혜택이 더 많다는 것을 느꼈습니다. 일단 첫번째로는 기본적으로 발생하는 초기비용이 없었고, 신차인데도 불구하고 임대비가 최대금액이 정해져 있어 부담이 없었습니다. 두번째로는 배송업을 하게 되면 어쩔수없이 금전이나 차량 문제가 발생할 수 있는데, 이 부분을 해결해줄 수 있는 담당 노무사가 있어 안심이 되었습니다. 마지막으론 노후보장을 위한 프로그램도 지원이 된다하여 먼 미래를 봤을 때 도움이 되지 않을까 싶어서 오랜 고민 끝에 담당 과장님께 연락드려 멤버십 가입을 결정하였습니다.

4. 앞으로의 각오나 목표는?
- 처음으로 도전하는 직종인만큼 욕심부리지 않고 안전하게 업무하겠습니다. 3,6,9개월 쯤에 부딪히는 한계가 오더라도 꾹참고 "스타루트매니저" 3단계까지 도전 꼭 마치겠습니다! 그 이후에도 흔들림 없이 열심히 일해서 배송인그룹에 자랑스런 루트매니저가 되겠습니다!

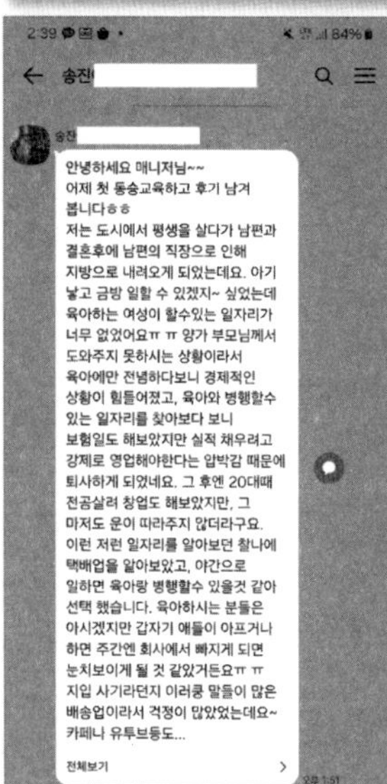

1. 왜 배송업을 선택했는지?
- 현재 저는 가족 중에 암환자가 있어 낮 시간에는 간병과 돌봄이 필요한 상황입니다. 특히 병원 진료 동행이나 식사·약 챙김 등 정해진 시간에 꼭 함께 있어야 하기 때문에 일반적인 정규직 일자리를 유지하기에는 현실적으로 어려움이 많습니다. 이런 상황 속에서도 경제적 부담을 줄이고, 제 스스로 자립적인 삶을 이어가기 위해 유연하게 일할 수 있는 방법을 고민하던 중, 배송업에 관심을 가지게 되었습니다. 배송업은 상대적으로 시간 조절이 가능한 근무 형태가 많고, 노력한 만큼 수익을 얻을 수 있다는 점에서 제 상황과 잘 맞는다고 느꼈고, 소중한 물건을 정확하고 안전하게 전달하는 과정 속에서, 저 역시 누군가의 일상에 기여할 수 있다는 보람과 현재의 어려움을 극복하고, 동시에 사회와 연결되어 있다는 감각을 다시 얻고자 배송업에 도전하게 되었습니다.

2. 배송업 선택 시 걱정되었던 것들?
- 가장 걱정되었던 부분은 '차량구입' 이였습니다. 당장 차량을 구입해야하는데 신차나 중고차로 구매할 여력이 되지 않아서 일자리 구인공고(알X몬, 알바X국, X코리아 등)에 올라오는 것들을 봤습니다. 하지만 배송업은 차량소지자 우선이거나 차량지원으로 기재되어 있어 면접을 보면 흔히 일어나는 '지입사기' 절차였습니다. 같은 방식에 지치다 유튜브에 알고리즘을 타고 '채용팀장 김이화' 영상을 보게 되었습니다. 차량을 '임대' 해주겠다는 영상을 보고 신청하였는데 제 자격조건에 맞춰 차량지원을 받을 수 있어 가장 걱정되는 부분이 해결되었습니다.

3. 배송인그룹 멤버십을 선택한 이유는?
- 사실.. 멤버십 결정에 많은 고민이 있었습니다. 지금까지

안녕하세요 매니저님~~
어제 첫 동승교육하고 후기 남겨 봅니다ㅎㅎ
저는 도시에서 평생을 살다가 남편과 결혼후에 남편의 직장으로 인해 지방으로 내려오게 되었는데요. 아기 낳고 금방 일할 수 있겠지~ 싶었는데 육아하는 여성이 할수있는 일자리가 너무 없었어요ㅠㅠ 양가 부모님께서 도와주지 못하시는 상황이라서 육아에만 전념하다보니 경제적인 상황이 힘들어졌고, 육아와 병행할수 있는 일자리를 찾아보다 보니 보험일도 해보았지만 실적 채우려고 강제로 영업해야한다는 압박감 때문에 퇴사하게 되었네요. 그 후엔 20대때 전공살려 창업도 해보았지만, 그 마저도 운이 따라주지 않더라구요.
이런 저런 일자리를 알아보던 찰나에 택배업을 알아보았고, 야간으로 일하면 육아랑 병행할수 있을것 같아 선택 했습니다.
육아하시는 분들은 아시겠지만 갑자기 애들이 아프거나 하면 주간엔 회사에서 빠지게 되면 눈치보이게 될 것 같았거든요ㅠ
ㅠ지입 사기라던지 이러쿵 말들이 많은 배송업이라서 걱정이 많았는데요~ 카페나 유투브등도 찾아보고 여러곳을 면접도 보러 다녔지만 다른 업체와는 다르게 빨리 일 시키려는게 아니라 진짜! 각오하고 이 업종을 할사람을 골라 면접을 봐주시는 느낌에 한배협에 오게 되었네요~~ 멤버십에 대해선 고민이 진~~~짜 많아서 아..이 일도 아닌건가?... 괜히 막 사기당하는거 아니야??(의심이 많은 성격인지라...) 하면서 고민하다 남편과 상의한 후에 결정하게 되었네요.ㅎ 결정하고 나니 오히려 힘들게 결정한만큼 더 열심히 해봐야지!! 라는 생각이 많이 들었어요~~ 면접때부터 힘들거 각오하라는 신신당부에 어제 카페인 충전할 커피도 한가득 챙겨갔구요ㅋㅋ
여성이라 배려해주신건지는 몰라도 밤샐 각오 하고 갔는데, 1차 배송만 하고 교육을 끝내주시더라구요~ 적응기간을 주시는것 같아서 걱정하던 마음보다 편한 마음으로 교육 받았습니다ㅎㅎ
아직 섣부른 판단일수도 있겠지만,
내가 한번 해볼만 하겠다! 라는 생각이 듭니다~ 의지만 있다면 무엇이든 못 할일이 없는것 같아요~! 오늘도 동승교육 열심히 배워오겠습니다! ㅎㅎ 좋은 하루 보내세요~~

군대 3개월 다시 갔다온다는 마음가짐도 하라고 하시고ㅎ
ㅎ

서울에서 집으로 내려가는 동안에도,
그리고 적합연락을 받을때까지도 뭐가 더 나올지 수차례
고민하고.. 또 고민했어요.
그리고 적합문자를 받고 어떤걸로 할것인지 결정을 하고
다시 스케줄을 잡아서 서울로 올라가서 루트매니저
계약을 하고 바로 계약한 다음주 월요일부터 시작하기로
했지요..

집으로 내려가서 이제 아이들에게 설명을 해줬어요..
'아빠엄마는 우리가족을 위해서 돈 많이 벌수있는일을
할거다..
면접도 보고왔고 당장 다음주부터 시작이라 머리가
복잡하겠지만 너네가 잘 받아들여줬으면 좋겠다..
너네는 일단 여기서 생활하고 나중에 데리고 올라갈
생각이다..
그러기 위해서는 너네끼리 싸우지않고 서로 도와가면서
생활해야 하고.. 엄마가 집에서 했던것들을 너네가 함께
해야한다.' 라고 말하는데..
첫째는 첫째이기때문에 동생들 케어와 집안일을
해야한다는 부담감과 갑작스러움 때문에 울고.. 막내는 밥
누가 주나고 울고;
올라오기 전까지 계속 아이들에게 말했어요.
'돈 많이 벌어서 위쪽에 올라가서 살자.. 너네끼리
생활하면서 서로 떠넘기지말고 서로 도와가면서 지내고

면접도 보고왔고 당장 다음주부터 시작이라 머리가
복잡하겠지만 너네가 잘 받아들여줬으면 좋겠다..
너네는 일단 여기서 생활하고 나중에 데리고 올라갈
생각이다..
그러기 위해서는 너네끼리 싸우지않고 서로 도와가면서
생활해야 하고.. 엄마가 집에서 했던것들을 너네가 함께
해야한다.' 라고 말하는데..
첫째는 첫째이기때문에 동생들 케어와 집안일을
해야한다는 부담감과 갑작스러움 때문에 울고.. 막내는 밥
누가 주나고 울고;
올라오기 전까지 계속 아이들에게 말했어요.
'돈 많이 벌어서 위쪽에 올라가서 살자.. 너네끼리
생활하면서 서로 떠넘기지말고 서로 도와가면서 지내고
있어라.'
아이들한테.. 특히 첫째한테 너무 큰짐을 맡기는거 같아
미안하고 또 미안하지만.. 시간이 지나면 이해해줄거라
믿고 있습니다.
아이들끼리 두고 온다는것 자체가 쉽지 않은 결정이었고
어떤것을 해야하는지 결정하는것도 쉽지 않았습니다..
하지만 이제 다 결정이 되었고, 돌이킬수 없습니다.
저희 부부는 정말 열심히 일해서 돈도 많이 벌고 5명의
아이들도 데리고와서 우리가족이 여지껏 경험하지못한
새로운 인생을 살기위해 진짜 노력할거예요.!!
《언제나 화이팅 할것이고, 우리가족 사랑해~!♥》

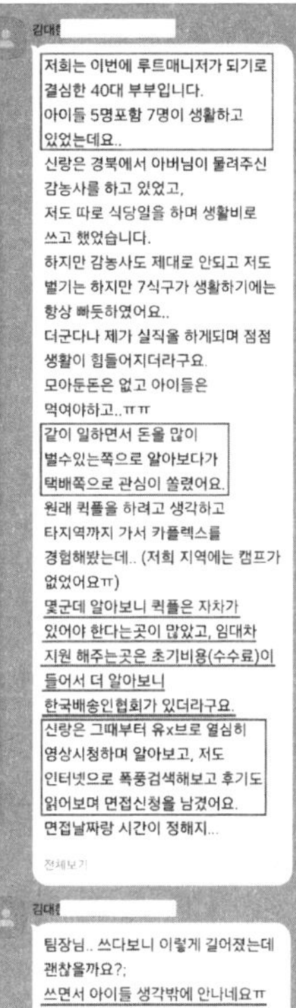

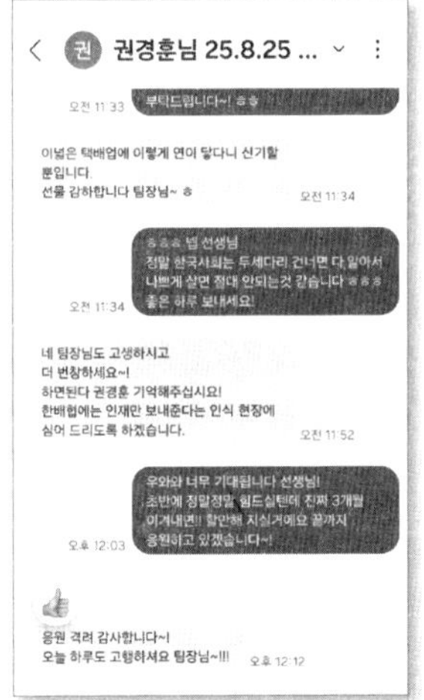

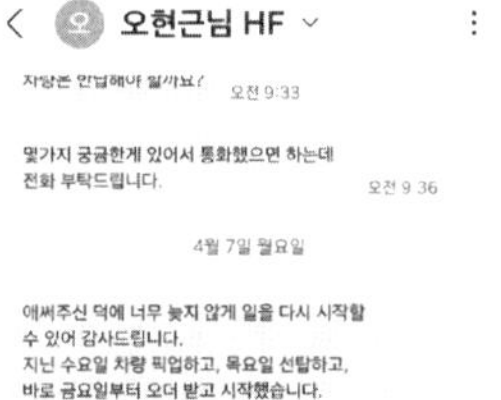

오현근님 HF
4월 7일, 오후 3:49

애써주신 덕에 너무 늦지 않게 일을 다시 시작할 수
있어 감사드립니다.
지난 수요일 차량 픽업하고, 목요일 선탑하고, 바로
금요일부터 오더 받고 시작했습니다.

이틀 일해보니 (지금은 마지막 상차 대기중입니다)
운전하는 시간이 95%입니다. 상하차는 지게차로
모두 하기 때문에 몸에 무리가 가는 일은 없지만 하루
10시간을 운전해본 적이 없어 이 또한 적응의 시간은
좀 필요할듯합니다. 그래도 체력관리 틈틈이 하면서
오랫동안 일을 할 수 있도록 노력해보겠습니다.

3달 후 지입전환과 관련해 궁금한 점 있으면 연락
드리도록 하겠습니다.
신경 많이 써주셔서 다시 한 번 감사드립니다

사기의 불안을 딛고 일어서다

"10년 전 사기 트라우마를 넘어 재도전"

10년 전 한 운송사에 지원했다가 사기를 당한 뒤로 운송업은 쳐다보지도 않았습니다. 그러나 경기 침체로 다시 배송업에 도전해보고자 알아보던 중 배송인그룹이 있다는 걸 알게 되었습니다. 처음엔 '지입 사기 근절'이라는 말에 믿음이 가지 않았습니다. 하지만 상담을 받아보니 이곳은 계약금이나 돈 이야기를 전혀 하지 않더군요. '여기도 비슷하면 안 하면 된다'는 마음으로 왔다가 그 투명함에 신뢰를 얻고 다시 시작하게 되었습니다.

"의심 많은 성격도 돌려세운 진정성 있는 면접"

야간에 일하면 육아랑 병행할 수 있을 것 같아 배송업을 선택했습니다. 하지만 지입 사기 같은 위험 요소 때문에 걱정이 많았습니다. 카페나 유튜브 등도 찾아보고 면접도 여러 곳 다녀봤지만, 배송인그룹은 달랐습니다. 빨리 일 시키려는 게 아니라 이 업을 정말 할 사람인지 꼼꼼히 선별한다는 느낌을 받았습니다. 멤버십 가입을 두고 가족과 며칠 고민했지만, 상의 끝에 가입을 결정했습니다.

"유튜브 영상 속 밝은 표정에 이끌려"

우연히 본 배송인그룹 유튜브 영상 속 사람들의 밝은 표정이 인상적이었습니다. 힘들어도 웃을 수 있는 모습. 바로 제가 원하던 모습이 그곳에 있었습니다. 처음 왔을 때 반갑게 맞아 주시는 마음이 고스란히 느껴져서 당황하기도 했습니다. 하나하나 꼼꼼히 체크해 주시고, 궁금증을 그때그때 풀어 주시더군요. 구름 잔뜩 낀 길 위에서 든든한 이정표를 만난 기분이었습니다. 법률 자문과 이직 프로그램 또한 선택의 중요 요소였습니다. 시작이 반이라고 했는데 덕분에 반 이상을 지난 것 같습니다. 힘든 건 상관없습니다. 잠시 쉬어 가면 되니까요. 처음부터 달리지 않으려 합니다. 단거리 선수보다 마라톤 선수가 되려 합니다.

"안전하게 케어받는 '평생 관리'에 안심"

배송업에 종사하시는 분들께 상담한 결과 대부분 본인 회사에 만족하지 못했습니다. 사기도 많이 당하고 알게 모르게 떼 가는 수수료가 많아 월급이 줄어든다는 말을 듣고 안전하게 케어해줄 수 있는 회사를 찾았습니다. 배송인그룹 면접 당시 궁금했던 제 물음에 시원시원하게 답해 주셨고, 생수, 가구 등 다양한 업종의 장단점을 비교해 저에게 맞는 분야를 선택해 주었습니다. 멤버십을 통해 평생 관리받는 느낌으로 일하면 목표도 생기고 더 즐겁게 일할 수 있을 것 같아서 믿고 선택했습니다.

가족의 든든한 울타리를 찾다

"간병과 생계를 잇는 유연한 삶의 터전"

가족 중 암 환자가 있어 낮에도 꼭 곁을 지켜야 하는 상황이어서 일반 정규직 일자리를 유지하기는 현실적으로 어려움이 많습니다. 상대적으로 시간 조절이 가능하고 노력한 만큼 수익을 얻을 수 있다는 점에서 배송업을 선택했습니다. 가장 큰 걱정은 차량 구입이었습니다. 신차나 중고차를 구매할 여력이 되지 않아 구인 공고를 뒤져봤지만, 차량 지원으로 기재되어 있어 면접을 보면 결국 지입 사기더군요. 유튜브에 지쳐 알림을 끊으려던 차에 '채용팀장 김이화' 영상을 보게 됐습니다. 멤버십 차량 임대 지원 덕분에 걱정을 덜고 부담 없이 시작할 수 있었습니다. 사실 멤버십 결정 당시 고민을 많이 했지만 초기 비용과 부수적인 비용 등을 알아보니 멤버십 혜택이 더 많다는 것을 느꼈습니다. 특히 차량 문제 발생 시 해결해줄 담당 노무사가 있다는 점과 노후 보장 프로그램까지 지원된다는 점에서 확신을 얻었습니다.

"5남매 다둥이 가족을 위한 1:1 맞춤 설계"

5남매를 둔 40대 부부입니다. 원래 퀵플러스를 하려고 이리저리 알아봤는데, 자차가 있어야 하는 곳이 많았고, 임대 차량을 지원해 주는 곳은 초기 비용(수수료)이 들더군요. 남편과 유튜브, 인터넷을 폭풍 검색해 배송인그룹에 면접을 신청했습니다. 처음엔 생수 배송을 생각하고 있었지만, 저희 부부의 상황을 1시간 넘게 상담한 김이화 팀장님이 저희 부부에게 맞는 분야를 추천해주셨습니다. 저희 가족에게 딱 맞는 길을 찾아주신 세심한 배려에 감사드립니다.

"아이들을 위해 6년 만에 다시 잡은 핸들"

아이들을 부족함 없이 키우고 싶은데 불경기에 벌이가 시원찮아 고민 끝에 6년 만에 다시 핸들을 잡았습니다. 6년 전 1년 6개월 정도 배송일을 해본 적이 있어서 힘들다는 걸 알고 있었지만, 상담을 통해 여러 혜택과 팀장님의 진심을 믿고 배송인그룹 멤버십에 가입했습니다. 생수 배송이라 많이 힘들겠지만 빨리 적응해서 안정적인 수익을 올리는 게 가장 큰 목표입니다.

"경제적 회생의 발판이 된 든든한 지원"

맞벌이임에도 소득의 70% 이상이 대출과 개인회생 변제금으로 나가 경제적으로 매우 어려운 상황입니다. '노력한 만큼 수익을 얻을 수 있다'는 배송업의 특징에 희망을 걸고 새로운 인생을 계획하며 이 길을 선택했습니다. 물량 편차로 인한 불규칙한 수익, 차량 임대 및 부대비용 등에 대한 걱정이 많았습니다. 특히나 각종 지입 사기 위험도 우려되었습니다. 다행히 배송인그룹을 만나 물량 보장과 비용 지원 혜택을 확인하고 경제적 불안감을 덜었습니다. 다른 업체와 달리 배송인의 관점에서 처우 개선과 여건 보장을 위해 진심으로 힘쓰는 협회의 신념과 따스함에 신뢰를 느껴 최종적으로 멤버십 가입을 결정했습니다.

전문 배송인으로 인생 2막을 열다

"한 줄의 문장에 이끌려"

15년 IT 업계 경력, 연봉 8,000만 원도 코로나 불경기 앞에서는 흔들렸습니다. 외벌이 가장으로 무너지는 멘탈을 잡으며 배송일을 알아보다가 배송인그룹 유튜브 설명 글에 적힌 '5년간 1,327명의 기사님이 저희와 함께 가족을 지켜 오셨습니다'라는 문장을 만났습니다. 이 한 줄이 제 마음을 움직였습니다. 장기적인 목표와 계획을 세우지 않는 편입니다. 스스로 세운 목표와 계획이 예측 불가한 환경과 변수에 얼마나 쉽게 흔들리는지 잘 알고 있기 때문에 든든한 협회의 시스템 안에서 가족을 지키기로 했습니다.

"미래를 맡길 신뢰와 전문성"

저는 28살 배송기사입니다. 배송업을 선택한 이유는 노력만 한다면 고소득을 올릴 수 있는 안정적인 사업이기 때문입니다. 그러나 알아보니 지입 사기, 알선 사기, 화물차 사기 등의 위험이 도사리고 있어 도저히 한 개인이 시작하기는 불가능한 시장인 줄 알았습니다. 그러나 배송인그룹은 개인 성향에 맞춘 업종 추천부터 법률 서비스, 나아가 이직이나 엑시트 이후의 교육까지 평생 도움을 주는 라이프 케어 시스템을 갖추고 있었습니다. 신뢰와 전문성을 갖춘 이곳이라면 제 미래를 맡길 수 있겠다고 확신했습니다. 안정적인 노력으로 고소득을 노린다면 배송업을 선택하시고, 배송업을 하려면 배송인그룹을 이용하세요.

"걱정을 안심으로 바꿔준 배송인그룹"

영업직에 오래 종사하다 보니 대인관계에 많이 지쳐 있었고, 그 상황에 어머니의 병원비가 많이 나오게 되면서 수익이 높은 다른 일을 찾아보다가 김이화 팀장님의 영상을 접하게 되었습니다. 무조건 열심히 하겠다는 마음가짐이었지만 물량이 없으면 어쩌나 걱정했지만 쓸데없는 고민이었습니다. 사기 위험 없이 멤버십 지원 내용들을 믿고 시작할 수 있었습니다. 어느덧 4개월 차. 많이 익숙해져서 퇴근 시간이 점점 앞당겨지고 있습니다.

땀은 배신하지 않는다

"고민은 수입만 늦출 뿐"

고민만 하지 말고 일단 밟고 보세요. 빨리 적응하겠다는 마음으로 열심히 일했더니 보람도 있고 나날이 힘도 덜 들고 좋습니다. 6개월 사이에 몸무게가 8kg이나 줄었습니다. 힘들지만 주변에서도 많이 도와주시고 용기도 주셔서 신입 시절을 잘 버틸 수 있었습니다. 무엇보다 배송인 그룹의 도움을 많이 받았습니다. 협회를 통해 시작하지 않았다면 실제로 제가 벌 수 있는 수익에서 차이가 크게 생겼을 것입니다. 믿고 시작하길 잘했다는 생각을 매일 합니다. 아버지께 효도할 기회가 되었으면 합니다.

"은퇴 후 부부가 함께 여는 행복한 아침"

대기업 퇴직 후 이런저런 일을 하다가 잘 풀리지 않아 빚만 늘어나는 상황이었습니다. 구직 사이트를 살펴보다 '대기업 물류 5톤 화물기사 월 순수입 500만 원 이상'이라는 구인 글을 보고 면접을 봤지만, 차량이 없어 초기 비용이 높고, 부수적으로 들어가는 비용과 수입에서 공제되는 내역이 상당했습니다. 실망하던 중 배송인그룹을 알게 됐고, 루트매니저들의 후기를 읽고 나니 왠지 믿음이 갔습니다. 상담을 통해 부부가 함께 2인 1조로 할 수 있는 가구 배송으로 결정했습니다.

"불안을 확신으로 바꾼 멤버십의 성장 기회"

처음 배송업에 도전하기로 결심했을 때 솔직히 걱정도 많았습니다. 몸을 쓰는 일이라 체력적으로 버텨낼 수 있을지, 생소한 업무에 잘 적응할 수 있을지 고민이 많았죠. 그런데 배송인그룹 멤버십을 접하면서 생각이 바뀌었습니다. 단순히 일자리를 넘어서 '함께 성장할 수 있는 기회'를 주는 느낌이 들었기 때문입니다. 체계적인 지원과 실제 경험담들이 신뢰감을 줬고, 나도 이 안에서 내 길을 만들어갈 수 있겠다는 확신이 생겼습니다. 앞으로 저는 단순히 돈을 벌기 위한 사람이 아니라, '고객에게 신뢰를 전하는 배송인'으로 자리잡고 싶습니다. 오늘의 선택이 나를 더 단단하게 만들 거라 믿으며, 이 출발선에서 최선을 다해보겠습니다.

당신은 혼자가 아닙니다

이 책의 마지막 장을 덮는 당신에게 한 사람의 오랜 동료로서 말을 건네고 싶습니다.

배송의 길은 본질적으로 고독합니다. 좁은 골목길에 차가 끼어 식은 땀을 흘릴 때, 억울한 민원에 가슴이 답답해질 때, 혹은 쏟아지는 잠을 쫓으며 새벽 공기를 가를 때, 그 운전대를 함께 잡아줄 사람은 아무도 없습니다. 오직 당신의 두 손과 거울에 비친 당신의 눈동자뿐이지요.

가장 힘든 것은 육체적 고통보다 말할 곳이 없다는 사실일지도 모릅니다. 집으로 돌아가 가족의 얼굴을 보면 걱정할까 봐 입이 차마 떨어지지 않습니다. 오랜만에 만난 친구들에게 힘들다고 털어놔 봐야 "요즘 안 힘든 사람이 어디 있냐", "네가 선택한 길 아니냐"는 서운한 타박만 돌아오기 일쑤입니다. 그렇게 배송기사님들의 마음에는 누구에게도 내뱉지 못한 무거운 짐들이 화물 칸의 박스보다 더 높게 쌓여만 갑니다.

그래서 저는 결심했습니다.

배송인그룹이 당신의 대나무숲이 되어야겠다고 말입니다.

'임금님 귀는 당나귀 귀'라고 외쳤던 설화 속 대나무숲처럼, 도로 위에서 삼킨 당신의 모든 한숨과 눈물을 쏟아낼 수 있는 곳 말입니다. 우리는 언제나 소통의 창구를 열어두고 있습니다. 때로는 30분 넘도록 기사님의 하소연을 묵묵히 들어주기도 합니다. 지원팀의 카카오톡 창은 매일 수많은 기사님의 메시지로 쉴 새 없이 울립니다. "오늘은 정말 힘들었습니다"라는 짧은 고백부터, "팀장님 덕분에 오늘도 무사히 마쳤습니다"라는 감사 인사까지. 저는 그 메시지 하나하나를 허투루 지나치지 않으려고 노력합니다. 배송기사님들이 겪는 육체적 피로와 정신적 고통을 누구보다 잘 알기 때문입니다. 저는 그 시간을 결코 낭비라고 생각하지 않습니다. 쏟아내야 비로소 다시 채울 수 있고, 하소연할 곳이 있다는 믿음이 있어야 다시 핸들을 잡을 용기가 생기니까요.

이 책을 통해 전하고 싶었던 메시지는 '돈 버는 기술'이 아닙니다. 당신이 하는 일이 얼마나 가치 있는지, 그리고 그 길 위에서 당신은 결코 혼자가 아니라는 사실입니다.

배송인그룹은 단순히 일감을 연결하고 수수료를 계산하는 곳이 아닙니다. 멘탈의 한계에 부딪혔을 때 잠시 차를 세우고 쉴 수 있는 마음의 휴게소이자, 세상 누구에게도 하지 못한 말을 들어주는 대나무숲이자, 이후의 인생을 설계할 수 있는 안전한 장소, 배송기사들의 친정으로 남겠습니다.

당신이 배송으로 종잣돈을 모으고, 더 넓은 세상으로 졸업하는 그날까지 우리가 함께 걷겠습니다.

오늘도 도로 위에서 고군분투하는
당신의 모든 이름을
응원합니다.